文化吉林

東豐縣卷

上冊

弘揚長白山文化
打響吉林特色地域文化品牌

王儒林

　　吉林有文化，而且吉林文化有底蘊、有潛力、有特色、有希望。從前郭縣王府屯距今約一百萬年的石製工具到距今十六萬年的樺甸仙人洞和距今三萬年的榆樹人，從燕趙文化東進到漢武帝設四郡，從扶餘、高句麗、渤海文明的興衰更替到遼金、清朝問鼎中原，從抗日烽火、解放硝煙到新中國老工業基地的紅色記憶，從二人轉、吉劇、長影到吉林期刊、吉林歌舞和吉林電視劇現象，勤勞智慧、淳樸善良、勇於開拓的吉林人民在白山松水間創造出絢麗多彩的地域文化，成為中國文化版圖上一道獨特風景。

　　文化與山素來結緣，正如泰山之於魯，嵩山之於豫，黃山之於皖，長白山是吉林的象徵、吉林的品牌。吉林文化始終與長白山難捨難分、血脈相連，集中體現於長白山文化之中。長白山文化發源和根植於吉林沃土，是包容吉林各民族文化、蘊含吉林發展歷史、反映吉林人性格特質、凸顯吉林氣派的「大文化」；是中華民族「多元一體」文化的重要組成部分，源遠流長、博大精深，構成了吉林文化的骨骼和脊梁。在地域文化越來越受到人們關注、文化軟實力越來越成為衡量一個地區核心競爭力的重要指標的當今時代，大力弘揚作為吉林文化標誌性符號的長白山文化，把這份寶貴的文化資源保護好、挖掘好、利用好、開發好，對於打響吉林特色地域文化品牌，鑄造極具時代內涵的吉林精神，提升吉林文化軟實力，凝聚吉林改革發展正能量，無疑具有十分重要的現實意義。

近年來，我省大力推進以優秀吉林地域文化為主要內容的長白山文化建設，出台了《長白山文化建設規劃綱要》，啟動實施了長白山文化建設工程，在長白山文化資源保護研究、挖掘整理、開發利用等方面做了大量工作，取得了顯著成績。我們要進一步加強長白山文化理論研究，豐富長白山文化內核和外延，進一步加強長白山文化遺產的發掘、保護和展示推介力度，擴大長白山文化的影響力，進一步加強對長白山文化內涵的拓展和提升，把長白山文化資源更好地轉化為文化產品、文化事業和文化產業，推動長白山文化建設躍上新台階，推動吉林文化大發展大繁榮，為實現富民強省目標、中華民族偉大復興、中國夢做出貢獻。深入挖掘、研究、整理長白山歷史文化，既是一項宏大浩繁的系統工程，又是一項功在當代、利在千秋的基礎工程。希望有更多有識、有志之士投身長白山文化建設事業，讓這份寶貴的文化資源更好地服務於當代，惠澤於未來。

　　由省委宣傳部組織編撰的《長白山文化書庫》系列叢書，是長白山文化建設工程的重要標誌性成果。叢書從基礎研究、地方特色、主要藝術門類三部分，對長白山文化的歷史資源進行了全面細緻的挖掘和整理，堪稱長白山文化研究與普及的鴻篇巨製，不僅對研究和宣傳長白山文化大有裨益，而且對培育吉林文化品牌、樹立吉林文化形象也將產生積極的促進作用。在叢書即將付梓之際，謹表祝賀並向全體工作人員致以問候。

主編寄語

莊　嚴

　　長白奇迤蘊靈秀，松江悠長毓文傑。千百年來，雄渾壯美的白山松水賦予了肥沃豐饒的吉林大地以生機和活力，滋養了吉林人民勤勞睿智、堅韌進取、寬容開放的精神品格，積澱了多元融合、底蘊深厚、色彩斑斕的地域文化。這獨具魅力的吉林特色地域文化猶如一株馥郁芳香的花朵，在中華民族文化百花園中爭妍綻放。

　　文化是經濟發展之根，是社會發展之源。省委、省政府高度重視文化建設，制定出台了《長白山文化建設規劃綱要》，把吉林省歷史文化資源工程列入宣傳思想文化工作「六大工程」之一。省委宣傳部深入貫徹落實省委、省政府的要求，開展《長白山文化書庫》建設，啟動實施了《文化吉林》叢書編撰工作，將其作為全省宣傳思想文化工作的重要舉措，周密部署，精心組織，強力推進，取得了預期成果，為全省人民奉獻了一份珍貴的精神食糧。

　　《文化吉林》叢書是《長白山文化書庫》中全景展現特色地域文化的重要組成部分。年初以來，我省廣大宣傳文化工作者以對家鄉、對歷史、對文化事業的高度責任感和使命感，不畏繁難，勤勉執著，嚴謹認真，精益求精，在資料收集、遺產挖掘、書稿撰寫等方面付出了大量艱辛的努力，進行了許多開創性的探索和實踐，圓滿完成了這次編撰任務。叢書編撰秉承傳播和弘揚吉林文化的理念，梳理總結吉林文化資源，提煉昇華吉林文化精髓，激發增強吉林人的文化自覺、文化自信，使優秀文化更好地服務於吉林的發展振興。

《文化吉林》內涵豐富，圖文並茂，辭美情摯，引人入勝，是人們認識吉林、瞭解吉林、研究吉林的概覽長卷，是吉林文化走向全國，面向國際的真誠心聲。叢書真實勾勒了吉林文化歲月滄桑的歷史縱深，生動展現了吉林文化多姿多彩的時代律動，帶我們走進吉林地域文化演進的舞台，親身感受風雲激盪的文化事件，出類拔萃的文化人物，領略淵深源遠的文化景觀，妙趣橫生的文化傳說，體驗琳瑯紛呈的文化產品，淳樸濃郁的文化民俗。叢書將吉林文化的發展脈絡、現狀和未來，客觀詳盡地展現給廣大讀者，是一部能夠讀得進去、傳播開來、傳承下去的佳作精品。

　　鑒往以勵志，展卷當奮發。《文化吉林》這套融史料性、知識性、可讀性於一體的叢書，為我們進一步保護、研究、開發吉林地域特色文化提供了重要史料資源。作為後繼者，當代吉林人有責任、有義務肩負起將吉林文化充分融入社會主義核心價值觀，推動吉林文化發展進步的歷史使命，讓優秀傳統文化在繼承中創新，在創新中前行，在全國文化發展大格局中唱響吉林「聲音」，打造吉林文化品牌，樹立文化吉林形象。

目錄

第三章・文化名人

第四章·文化景址

第五章‧文化產品

第六章 · 文化風俗

第一章

文化發展概述

　　東豐縣文化底蘊深厚，文化資源豐富，文化特色鮮明。素有「中國農民畫之鄉」「中國梅花鹿之鄉」之美譽。東豐縣位於吉林省中南部，地處長白山分支哈達嶺餘脈，是一個層巒疊嶂、風景宜人的地方。

　　東豐縣素以「神州鹿苑」聞名於世，以龍的圖騰積澱的深厚文化底蘊，在清代，這裡曾是有名的皇家圍場。二百多年的人工養鹿史，開人工養鹿之先河，創造了獨特的鹿鄉文化。該縣出產的國家出口免檢產品「馬記鹿茸」，享譽海內外，被收入吉林省非物質文化遺產名錄。

　　生活在這裡的人們，早在二百多年前，就對民間美術產生了濃厚的興趣。久而久之，演變成了一種獨具民間色彩的繪畫形式——東豐農民畫。而今，東豐縣已成為全國最知名的三大農民畫鄉之一，形成了富有活力的現代民間藝術土壤。東豐農民畫已成為吉林省的文化名片，被收入吉林省非物質文化遺產名錄。

東豐縣位於吉林省的中南部，在東經 125°-125°50'，北緯 42°47'-43°13'之間，地處長白山分支哈達嶺餘脈，輝發河上游，是一個「五山一水四分田」的半山區縣份。東南與梅河口市毗鄰，西南與遼寧省清原縣接壤，西部與遼寧省西豐縣以山為界，北與伊通縣隔河相望。清代被闢為盛京圍場，史稱「皇家鹿苑」。

　　東豐縣幅員面積二五二一點五平方公里，下轄十四個鄉鎮，八個社區，二百二十九個村，一六八二個村民小組。現有人口四十餘萬。其中，漢族占百分之八十六點八，滿族、朝鮮族、回族、蒙古族、苗族等其他十一個少數民族占百分之十三點二。農業人口三十三萬。東豐鎮是東豐縣人民政府所在地，也是全縣政治、經濟、文化的中心。

　　東豐縣始建於清光緒廿八年（1902 年），原名「東平縣」，又名「大度川」，源出清代「阿木巴拉洪闊（意即大度川）圍場」之名。全縣南北長（最長處 105 公里），東西窄（最窄處僅 4 公里），後因其地形如動物的肚胃之形且「肚」、「度」同音，故又有「大肚川」之俗稱。民國初，因與山東省東平縣重名，後改稱「東豐縣」。

▲ 東豐縣城鳥瞰圖

考古證實，在距今五千年左右的古代，就有人類在這塊美麗富饒的土地上居住、生活和勞動。此後又經歷了漫長的奴隸社會和封建社會。到了清康熙年間，這裡被封禁為皇家圍場。近年來，考古工作者在縣境南部的小四平鎮一面山村西斷梁山、大陽鎮德勝村、寶山村崔大堂等地發現了三處典型的早期遺址並採集和徵集了一批陶器、石器等古代文化遺物。這時期的陶器均為夾細砂的褐陶和黃褐陶，器表打磨光滑，並裝飾有新石器時代流行的壓印之字紋，刻畫的人字紋、平行線紋和網格紋等。石器多打製而成，如鋤、鏟、刮削器等；此外還有磨製的斧、刀和箭頭：反映出新石器時代文化的一般特徵。這一考古文化存在的時間，學術界一般認為是在距今五千年的時候，東豐大地上就有了人類生息。

　　大致在距今三千年的西周時期，東北地區在中原先進文化強有力的影響之下，普遍地先後跨入青銅時代。近年的文物普查，東豐縣南部諸鄉鎮境內都發現了大批青銅時代的村落遺址。這一時期的陶器以手製、厚胎、夾砂較粗的褐陶和紅褐陶為主，素面居多，個別飾有戳印的坑點紋；石器以磨製為主，

▲ 東豐縣大陽鎮出土的青銅器時代喇叭形淺盤豆

種類有斧、刀、鐮、鏟、鋤等農業生產工具和箭頭等。同時，在大陽鎮瓦房頂子等地還發現了許多以板石或塊石構築排列整齊有序的石棺墓群，三里墓地中出土有扇形青銅斧。這些遺址和墓地大部分屬於西周至戰國時期的文化遺址，年代都在距今三千年至兩千年之間。

　　根據文獻記載，商周時期東北廣大地區一直為肅慎、穢貊、東胡等少數民族和原始部族所居住，史書中將這些民族並稱為「東北夷」。如顏師古注的《急就篇》中有「貊者，東北三夷也」之語。穢貊的地望，一般認為是在東北

▲ 東豐縣原一面山鄉（今小四平鎮）出土的青銅器
時代青銅斧

▲ 東豐縣大架山遺址出土的漢代陶碗

中南部。《逸周書·王會篇》謂：「穢人在稷慎（即肅慎）良夷之間。」《山海經·海內西經》載：「貊國在漢水東北，地區於燕城之」。吳承志《山海經地理今釋》卷六，謂此漢水有作潦水（即今遼河）之誤。東豐一縣是時正為穢貊族系的生活區域。

兩漢以至魏晉時期，東北正處在一個大動盪、大遷徙時期。當時，漢王朝在東豐設置了遼東玄菟等郡，穢貊族系分化出兩個地方政權——扶餘和高句麗。東胡族系的鮮卑也逐漸強大起來，每每相互攻伐。以地望推度，東豐一地當屬扶餘國之西南邊陲，西與漢遼東郡烏桓、鮮卑相鄰；南與漢玄菟郡、高句麗相接，西漢時屬扶餘，西部或一度為烏桓、鮮卑控制。東漢時，高句麗強大起來，勢力或已達到這一線。《中國歷史地圖集》亦將東豐標在高句麗與扶餘、鮮卑之間。

西晉時曾在東北設護東夷校尉，管轄東北地區的扶餘、高句麗、沃沮、挹婁等東北夷諸族。

南北朝時，在高句麗北的勿吉強大。勿吉又音譯靺鞨，分粟末、黑水、白山等七部。隋時勿吉七部逐步穩定。其粟末部南與高句麗接，粟末舊城址在今輝發河。東豐縣境此時為勿吉粟末靺鞨主要活動地和管轄區。

西元六六八年，唐將李、龐同善率軍攻拔平壤，結束了高句麗的統治。唐

初在遼河以東設置安東都護府管轄此地。聖歷元年（698年）靺鞨人大祚榮乘契丹反唐，建立震國，並加強對靺鞨各部和高句麗遺民的統治。七一三年，唐玄宗冊封大祚榮為渤海郡王、忽汗州都督，史稱渤海國。西接契丹，東濱日本海，轄有五京十五州。東豐縣地當屬長嶺府轄境。

五代十國時靺鞨改稱女真。此時東北西部的契丹族逐漸強大，「與渤海戰數十年」。天贊五年（926年）攻陷渤海，六十二州盡歸契丹。遼時為防止女真部反抗，將女真「強宗大姓數千戶，移置遼陽之南」，謂之「熟女真」，與留在原地的「生女真」相區別。東豐一地正值二者之間，因所居回跋河得名，謂之「回跋女真」。遼設回跋部大王府統轄此地，軍事隸咸州（今開原）兵馬司。

金時，居住在今輝發河流域的回跋女真為女真仡石烈部，隸屬咸平路的咸平府及韓州，其轄境北與上京路信州（今懷德）相接，南達新興縣（今鐵嶺）；西跨遼河與北京路接壤；東豐縣境正處所轄區。此時經過戰後的恢復，遼金的文化逐漸發展起來。二十世紀八〇年代的一些考古調查中發現的輪製、灰陶的

▲ 東豐縣三合滿族朝鮮族鄉東勝村出土的遼金時期陶、瓷、粗瓷缸胎殘件

▲ 東豐縣委、縣政府辦公大樓

甕、罐等陶器殘片、白釉鐵花的瓷器殘片以及六耳鐵鍋和高大建築的板瓦、布紋瓦和窯藏銅錢等，反映了遼金時期的東北民族文化的發展，工藝水平的提高。同時，從五十多處遼、金遺址的分布情況看，當時在東豐縣已形成以今東豐鎮為中心向南、北分散的居民區，並且在長期的生產活動中創造著自己民族歷史和文化。

元初，東北設置了大寧路、廣寧路等七路一府，東豐時為開元路所轄。開元路設於一二八六年，轄境據《元史·地理志》載：東北部包括整個黑水靺鞨，即松花、黑龍二江下游地區。東濱日本海；東南包括原金代所轄的合懶路；西抵遼河以東。東豐縣初隸開元路之咸平府，後咸平府割出為散府，隸屬遼東宣慰司，受遼東省總轄。

明初，改遼東省為遼東都指揮使司，並在開元路內今開原以東，撫順東北，以及輝發河到松花江中游一帶，設置海西塔魯木衛、塔山左衛、塔山衛等衛所，為遼東鎮守巡撫所轄。東豐縣此時大致是塔山衛和塔山左衛轄內。明朝末年，建州女真和海西女真先後強大起來。其中建州女真幾經遷徙，定居到佟佳江（今渾江）中游的桓仁、新賓一帶；海西女真經過長期兼併，最後形成了哈達（今遼寧西豐縣）、葉赫（今吉林梨樹境內）、輝發（今吉林輝南境內）、烏拉（今吉林永吉縣內）等四個部落集團，合稱扈倫四部。其時，東豐縣之南半部屬輝發；北半部為葉赫屬地、半屬扈倫的輝發部。

在長期的兼併戰中，建州部努爾哈赤先後攻滅了瓦爾喝、扈倫三部和呼爾哈等諸部。萬曆四十四年（1616 年）建立後金國，在整個東北地區取代了明

▲ 晚霞掩映的橫道河

朝的統治。一六三六年，改國號為「大清」，東豐縣也歸入大清版圖。清初，「太祖即定都瀋陽，逐宙東流為圍場」，禁止人們入圍狩獵。圍場分東西兩圍，東豐屬東圍。每年入秋，康熙皇帝率文武朝臣和八旗將領到此行獵習武，代代相襲，留下了許多鮮為人知的故事。後來，由於大批關內漢人陸續衝破禁區，在這裡開荒占草，建房定居，人才逐漸多了起來。

　　光緒二十八年（1902年）八月四日設治。東平縣，隸屬海龍府。民國三年（1914年），改東平縣為東豐縣，屬奉天。「九・一八」事變後，日本帝國主義侵占東北。東豐縣從一九三一年到一九四五年「八・一五」光復一直在日本帝國主義及其傀儡政權──偽滿洲國統治下。一九四一年，偽滿洲國劃東北為十省，東豐縣屬四平省。一九四五年九月二日日本簽無條件投降書，九月三日東北全境回到國人手中，四平省改遼北省。一九四五年十一月，中國共產黨遼吉工作組在東豐成立了人民民主政府。一九四七年五月二十五日，東豐鎮第二次解放。新中國成立後，改稱東豐縣人民政府。一九四九年四月，東豐劃歸遼東省。一九五四年八月，東豐劃歸吉林省通化專署。一九五八年，東豐縣轉歸四平專區。一九八三年，東豐縣劃歸遼源市。

▲ 東豐縣地形圖

東豐縣群山環抱，丘陵起伏。由長白山脈分支而來的「分水嶺」，從原和平鎮（今橫道河鎮）荒營村入境，其大勢自西南向東北起伏蜿蜒，縱貫於縣境。四季分明的氣候，塑造了怪石嶙峋的小五台山、巔連起伏的寒蔥頂子山、充滿神祕色彩的秫秸垛頂子山和白雲山等百餘個大小山嶺；縣內河流很多，有密如蛛網縱橫交錯的小溪，也有似萬馬奔騰氣勢磅礴的大河，是縣水利資源的重要組成部分。北部的大沙河，中部的梅河、沙河，南部的橫道河為縣內四支重要水系，流經全縣大部分鄉、鎮。得天獨厚的地理位置和四季分明、風光宜人的天然景色，以及火爆熱烈的民風民俗，充滿朝氣的現實生活，不僅使這塊黑土地顯得那麼神奇可愛，而且更富有詩意和創造性。正因如此，千百年來生活在這裡的人們，創造了獨特的鹿鄉文化。

歷史深厚的「皇家鹿苑文化」　《辭海》記載：「東豐以產鹿茸著稱，有全國較早的養鹿場」。據史料記載，東豐縣是全國首開人工養鹿先河之地。後金天命四年（1619 年），愛新覺羅·努爾哈赤一統海西、建州等地，馭王者之威，巡獵至此。罕王深為梅花鹿之神駿所傾倒，慨嘆此間地寶物華，蓋世無倫。太祖建都盛京（今瀋陽），遂將此地闢為「盛京圍場」，以供王族狩獵，「擇地講武，備訓卒徒之用」。光緒初年，養鹿業規模初成，光緒帝易名之「盛京圍場」，欽敕「皇家鹿苑」，並御封獵戶趙允吉為鹿韃官，協領境內鹿業。圍場設立之初，每年都要向朝廷進貢很多獵物，其中以梅花鹿為主要貢品。年復一年地捕鹿、貢鹿，到了光緒二十一年（1895 年）的時候，一些獵戶感到，年年捕鹿，鹿越來越少，如此下去，就很難應付皇差了。怎麼辦？他們從捕來

▲ 美景如畫的新城區

懷孕的母鹿在圈養過程中生下小鹿這件事上受到啟發，把捕來的梅花鹿圈養起來，進行繁殖，這就是全國最早開始的人工養鹿方法。光緒二十二年（1896年），朝廷將東北的吉林、寧安、牡丹江等地獵戶所捕到的活鹿以及四十八家「鹿趟」的鹿，都集中到伏力哈色欽（今東豐縣小四平鎮），由趙允吉圈養，總共六十多頭。趙允吉建起了一座能容納一百多頭鹿的鹿圈，稱之為「腰鹿圈」，也叫第一鹿圈（在今小四平鎮古年水庫西邊），同時建起了家眷住宅和養鹿丁役宿舍。趙家門前東西兩側分別立著御賜的黑紅棒，對侵犯官山地者或盜竊鹿圈財物的人，可以打殺勿論。門上高懸木刻的虎頭牌，以示皇權。光緒初年，東豐縣被御封為「皇家鹿苑」，人工養鹿歷史長達二百多年。一九四七年，東豐縣誕生了第一家國營鹿場，第一個梅花鹿良種繁殖基地。享譽海內外的「馬記鹿茸」，成為國家免檢產品，被列為吉林省非物質文化遺產。

　　一九九二年，愛新覺羅・溥傑先生緬懷當年鹿苑，奮筆書寫了「神州鹿苑」四個大字題贈東豐，寄託了他對東豐鹿業發展的殷切期望。一九九五年，身居海外的張學良將軍，追思當年跟隨父帥戎馬關東、與鹿苑結下不解之緣的

神州鹿苑
溥杰

中國梅花鹿之鄉
張學良

歷歷往事，親筆題詞「中國梅花鹿之鄉」，墨寶贈給家鄉父老，並附一張親筆簽名的近照託人帶回東豐，表達了少帥對祖國、對故鄉的深深眷戀和美好祝願。

獨領風騷的「畫鄉文化」　東豐農民畫起源於清朝末期，由最初的民間採頭畫、剪紙、刺繡、年畫、壁畫、綵棚繪畫、毛草紙畫等形式逐漸演變而成的一種獨特的民間彩色繪畫形式，到了二十世紀七〇年代初逐漸成熟。在一百多年的發展歷程中，走過了一段由萌芽到勃興、由稚嫩到成熟、由單純藝術創作向市場產業化發展的輝煌之路。隨著時間的推移和農民群眾對文化精神生活追

▲ 牧鹿圖

求的日益增長，致力於農民畫創作的人越來越多，藝術創作空前活躍，精品力作層出不窮。繼一九八三年農民畫家張玉豔的《幸福的晚年》在「首屆全國農民畫大賽」中獲一等獎後，至今東豐農民畫已有二百三十餘件作品獲國家級獎勵，一百五十二件作品被中國美術館收藏（其中有 32 件作品被炎黃美術館收藏），三十件作品被吉林省博物院收藏，四百餘件作品被聯合國和世界各國知名美術館收藏，兩千餘件作品在國家級報刊上發表，一千五百件作品先後被選送到聯合國、日本、德國、阿根廷等國家和展出，六千餘件作品被國內外專家、學者和友人收藏。東豐縣被文化部命名為「中國現代民間繪畫之鄉」「中國民間文化藝術之鄉」，位居「全國十大農民畫鄉」之首。東豐農民畫被列為吉林省非物質文化遺產。二〇〇〇年十二月，彙集東豐農民畫精品的農民畫冊《關東情》正式出版發行。《關東情》是中國出版的第一本大型彩色農民畫冊，

▲ 幸福晚年（農民畫 現被中國美術館收藏） 張玉豔

由全國人大原常委會副委員長王光英同志親筆題寫書名。二○○九年,吉林美術出版社又編輯出版了彙集四十多名優秀作者創作的一百二十七件代表作品的《東豐農民畫》。目前,東豐縣農民畫創作隊伍已經達到四萬兩千餘人,其中學生作者四萬餘人,在農民畫方面有收入的五千餘人,能獨立作畫的兩千餘人,骨幹作者四百人,知名作者四十人。

底蘊深厚的「民俗文化」 東豐縣有五千餘年的人類活動歷史,積澱了厚重的民俗風情和豐富的民間藝術,以清朝時期為代表的鄉土文化頗具影響力。二○○九年,東豐縣抓住國家和吉林省大力實施文化產業振興戰略的有利契機,招商引資,如引進關東盛京文化產業有限公司,投資開發建設了扎蘭芬圍民俗文化園項目。項目立足於吉林獨有的長白山、松江水、黑土地、白雪原、活薩滿等自然、人文、歷史、文化元素,進一步挖掘關東和長白山地區深厚的歷史文化,打造吉林文化亮點,建設集影視前期拍攝、後期製作、民俗文化展示、影視作品發行、影視衍生產品銷售及民俗生態觀光旅遊、數字影視科技孵化基地為一體的綜合文化產業園區。項目比肩寧夏西部影視城,尋求文化差異,建設中國北方唯一一個最具關東特色、最富吉林特點的影視基地,將填補

▼ 位於沙河鎮境內的紮蘭芬圍民俗文化園

全國清末民初歷史橋段影視基地的空白。

內涵深刻的「紅色文化」 東豐縣是一片有著光榮歷史的革命熱土，其革命氣息深厚，留下了許多革命前輩和英雄模範的戰鬥足跡。共和國第一少將——解方就出生在這裡。為更好地紀念解方將軍，緬懷先烈的豐功偉績，大力傳承紅色文化，二〇〇九年，東豐縣鑄塑瞭解方將軍戶外塑像，在解方將軍的故鄉小四平鎮開工建設瞭解方將軍紀念館。該紀念館占地面積一千平方米、建築面積五百一十平方米，總投資兩百萬元。紀念館由解方將軍青少年時期外出求學和抗日戰爭、新中國成立戰爭、抗美援朝戰役和從朝鮮戰場回國後到去世前「四個展區」組成，展示歷史圖片一百多幅、實物六十三件。其中，有解方將軍親自參與編寫的書籍，親手所寫的作戰筆記、作戰電報、信件；海南戰役及抗美援朝戰役老兵捐贈的紀念章、衣服，仿製的槍枝、報話機等物品。

獨具特色的自然人文景觀 東豐縣人傑地靈，自然資源豐富，森林面積九一五〇五公頃，既是「全國林業百強縣」，又是國家命名的「生態縣」和「百萬畝人工林縣」。這裡有西斷梁山遺址、龍頭山遺址、城址山山城遺址，以及瓦房頂子山石棺墓群、邱家溝石棺群等多處歷史文化古蹟，出土過新石器時期、西周至春秋前後、漢代、遼金時期的器飾等文物，閃耀著中華民族的文明之光。近年來，東豐縣加大了人文景觀的開發力度，全縣各類人文景觀已達二十多處。其中，距縣城三點五公里的江城森林植物園，占地面積二點八平方公里，以發展生態觀光農業為主線，集文化休閒等多種服務為一體，已成為輻射周邊市縣的新興人文旅遊景點。

距縣城中心五百米的南照山鹿文化主題公園，以其原生態的森林景觀，加上階石步道、木棧道等人文景觀的雕琢，已成為縣城天然氧吧，每天前去徒步健身的市民有幾萬人。每逢五一、端午、中秋等節日，登山人數超十萬，各種演出、雜耍、

▲ 解方將軍銅像

▲ 江城森林植物园景

書畫展等極具鹿鄉文化特色，成為當地最具特色的文化活動節日。

豐富多彩的群眾文化　據記載，新中國成立前東豐縣地方戲團、評劇團在當地就很有知名度，民間各種文藝演出團體也很多，如二人轉、嗩吶等戲班子，經常活躍於城鄉間。新中國成立後，縣裡成立了國有劇團，縣內各大企業和學校也都有自己的演出團，縣文化館還專門組織開展群眾文化活動，民間文化活動豐富多彩。二十世紀八〇年代後，東豐縣農村相繼自發組織小劇團演出，二〇〇二年發展到七個，較有影響的有仁合鄉張小波二人轉小劇團，猴石鎮王鐵二人轉小劇團和南屯基鎮程老五二人轉小劇團。

近些年，隨著黨和國家對社區、農村文化扶持力度的加大，「東豐鎮府南社區中老年藝術團」「京劇票友協會」「東豐縣神鹿藝術團」「荒營農民藝術團」「文化館愛樂樂團」相繼建立。這些業餘文藝團體有的常年到外市縣演出，有

▲ 銀裝素裹的南照山鹿文化主題公園一角

▲ 神鹿藝術團表演的大型團體操

的自娛自樂,服務社區、農村百姓,受到老百姓的喜愛。全縣建社區秧歌隊五支、團體健身操隊伍六支、農村秧歌隊八十多支,共建農村文化大院二百二十九家,村村有文化書屋,村村有文化活動場所,達到全縣村級以上群眾文化娛樂活動組織全覆蓋。民間二人轉、嗩吶、小劇團、婚慶等演出場次多,內容豐富。春節期間的文藝晚會、大秧歌比賽、燈展、燈謎會、書畫展、攝影、歌詠比賽、賽詩會等文化活動,更是吸引了成千上萬的群眾廣泛參與。

　　碩果纍纍的文學藝術創作　東豐縣文學藝術創作活躍於新中國成立後,尤其是七十年代後期,以耿長海、吳強稼、相學東、王士臣、王玉君、劉玉文、李凱、李曉豐等在縣內外有影響的作家、藝術家,創作了多部(篇)優秀文學作品,在國家省市級文學報刊上發表。耿長海自一九八○年專業從事編劇、作曲及歌曲創作以來,有十一件作品獲國家級獎,四十八件作品獲省級獎,一百三十餘件作品(包括整理改編)在國內報刊、叢書、電台、電視台、音像出版社發表,十部二人轉作品在全省推廣,其代表作《東豐啊東豐,我可愛的家鄉》《鹿鄉美》分別於一九八八年、二○一二年被確定為東豐縣縣歌。二○一一年,耿長海為「吉林省歷史文化書系」之《二人轉傳統劇目選》特邀編輯,

參與蒐集、整理、編輯十大卷近五百萬字四百餘個劇目；吳強稼創作的《解方將軍傳奇》《皇家鹿苑演義》等專著五部，公開出版；王玉君出版了十部長篇小說、紀實文學

▲ 社區群眾表演的歌伴舞《我的祝福》

等書籍，創作的《桃花命》《水命》《土命》三部曲長篇小說，不但公開出版發行，而且在網絡上走紅，在社會上引起強烈反響；相學東創作的二人轉《扒磚頭》《大狼貓嫁妻》《老馬識途》《名妓與皇帝》《小車上路》《裸女風流》等多部作品在省級會演中獲獎和在省、市刊物上發表；改編、創作的大型評劇《家庭公案》《罪人》由東豐縣評劇團公演，有《新農村的新畫卷》《鹿鄉驕子》《昔日皇家鹿苑》《小江南的月夜》《走進魯迅故里》等多部小說、人物傳記、詩歌、散文等作品，在省、市報刊發表，或在廣播電台播講。

除此之外，全縣的詩歌創作、書法、攝影、攝像、微雕、剪紙、年畫、葫蘆畫、布貼畫等，在省內外都很有知名度。

文化產業異軍突起，成為縣域經濟亮點產業　多年來，東豐縣始終把文化產業作為縣域經濟發展的重要組成部分，科學規劃，積極引導，強力推動，使文化產業呈現出結構優化、特色鮮明、優勢突出的良好發展局面。截至二○一三年末，全縣共有文化藝術、旅遊休閒、印刷包裝、影視傳媒、新聞出版等文化創意註冊企業一百八十七家，全年實現收入超過兩億元，吸納從業人員七千餘人，成為該縣經濟發展新的增長點。

▲ 清韻文學社編輯出版的文學期刊

深化文化體制改革，煥發活力促進發展　為順應改革發展的需要，從二○一二年上半年開始，按照全省文化體制改革工作的安排和部署，東豐縣順利完成了宣傳文化管理體制改革、國有文藝院團體制改革、電影發行放映單位轉企

改制三項任務，真正建立了與新形勢、新任務和新要求相適應的宣傳文化管理體制，進一步煥發了宣傳文化隊伍的活力，激發了內在發展的動力，促進了全縣宣傳

▲ 1984年東豐縣出版的《東豐縣民間故事集》

▲ 東豐縣政協編印的《東豐文史資料》、《神州鹿苑史話》

文化事業和文化產業的發展繁榮。隨著文化體制改革的深入，把原縣文化新聞出版和體育局與縣廣播電影電視局進行整合，調整了行政管理職能，明確了管理職責，成立了縣文廣新局，組建了縣廣播電視台，做到了管理職能與經營業務「兩分開」；把縣評劇團和電影放映公司的經營性文化事業單位進行轉企改制，建立了現代企業運行機制。通過改革，有效地理順了文化行政管理部門與

▲ 農民畫產業異軍突起，年銷售額達一五〇〇多萬元

▲ 新編劇《幸福一家人》

▲ 改制後的劇團每年送戲下鄉近百場

企事業單位的關係，實現了黨政分開、政事分開、政企分開、管辦分離的行政管理體制改革目標，做到了政府、企業、事業單位各自回歸本位，各自承擔自己的任務，各自履行自己的職責，形成了黨委領導、政府管理、企業自律、企事業單位依法運營的宣傳文化管理體制。通過深化改革，重新梳理、整合、劃分了工作職能，新組建的文廣新局、廣播電視台和互聯網信息中心，職能明確，職責清晰，充分體現了新形勢、新任務下，加強黨對意識形態工作的領導和牢牢把握正確輿論導向的必要性。改革後，宣傳部門加強了對廣播電視台的業務指導，對新聞宣傳報導實行「月指導日審查」制度，即：每月圍繞縣委、縣政府中心工作提出新聞宣傳要點，每天對播出新聞進行審查，嚴格把關定調。目前，縣電視台共開設專欄二十餘個，共播出二百多期相關節目；《東豐新聞聯播》每年播報本地新聞近兩千條，新開設了《幸福東豐》等九個專題欄目，共製作播出專題節目一百〇六期，其中歷史題材專題片《共和國第一少將解方》榮獲國家級二等獎及省一等獎的殊榮；自互聯網信息中心成立以來，加強了對網絡虛擬社會的管理，紮實有效地開展了網絡宣傳管理工作。在制度建設上、在工作機制上、在隊伍建設上，形成一個自上而下、全面覆蓋的互聯網宣傳管理工作體系。中心運行以來，圍繞縣委、縣政府重點工作，定期對各部門提出網上宣傳指導建議，形成網上正面輿論引

導態勢。同時，全面加強了對網絡輿情信息的監測、研判、上報、處置等工作力度。

　　縣評劇團和電影放映公司通過轉企改制，成立東豐縣藝術團、金鹿影業有限公司。改制後的企業，在困境中求發展，在人員短缺中求生存，在經營上求活力，在內部管理上求動力，不斷增強企業自主經營意識和市場意識。縣藝術團實行收入與效益掛鉤，工作人員的待遇與演出掛鉤，努力促使公司所有人員工作面貌煥然一新，公司的經濟效益逐步改善。自公司成立以來，開展公益性演出十九場，惠民工程演出一百六十五場。公司成立後打破以往的經營模式，自負盈虧，極大地調動了職工積極性。公司全面落實農村公益電影放映計劃，於二〇一二年五月十五日正式開始向全縣二百二十九個村放映公益電影四千多場，被省農村院線評為先進單位，並獲得國家電影局的肯定；為了增加收入，保證人員開支及各項支出，新公司還積極為全縣中小學生放映愛國主義影片一千五百餘場，創收十五萬元。

第二章

文化事件

東豐縣是全國有名的梅花鹿之鄉、農民畫之鄉。開人工養鹿之先河,境內山清水秀,人傑地靈,以龍的圖騰積澱的深厚文化底蘊,形成了富有活力的現代民間藝術土壤。以鹿鄉文化為特色、以東豐農民畫為主的文化活動接二連三,盛況空前。文化盛世多多,喜事連連。

走出域外的東豐縣第八電影放映隊

　　自一九五六年起，東豐縣電影管理站第八電影放映隊在隊長杜長林的帶領下，加入文化部組織的西南文化工作隊，赴雲、貴、川三省慰問參加「大三線」建設者，受到文化部和電影總公司表彰；一九六七年，率隊赴黑龍江北大荒，代表吉林省人民慰問參加墾荒的大學生和駐守珍寶島的新中國成立軍指戰員，獲省、市電影公司獎勵。一九六五年十一月四日《人民日報》第四版，發表《要發揮幻燈宣傳的戰鬥作用》介紹杜長林的事蹟，引起很大反響；應當時

▼ 畫鄉繞盈河兩岸新貌

農村無電地區群眾要求，杜長林寄出自製「土幻燈」（利用煤油燈做光源）資料百餘件；根據越南朋友來信要求，通過國家外事部門審批，第八電影放映隊將幻燈送給越南兄弟。一九六六年十二月，日本「岩波攝影社」根據中日文化交流協定，來中國攝製大型彩色紀錄片《黎明中國》，經過中央、省、地、縣各級領導審訂批准，東豐縣第八電影放映隊接受了農村電影如何上山下鄉為農民服務的拍攝任務。不久，《參考消息》報導《黎明中國》在日本上映的情況，讚揚東豐縣電影管理站第八電影放映隊熱情為農民服務的精神，被全省樹為學趕先進典型。從此，東豐縣電影管理站第八電影放映隊聞名全國。

東豐農民畫在中國美術館舉辦展覽

　　小小農民畫登上了大雅之堂。一九九六年四月，在相關部門及各級領導的鼎力支持下，由四十位農民畫家精心創作的帶著東北黑土地芬芳的東豐農民畫在北京中國美術館展出，在京城引起強烈反響，參觀者絡繹不絕。時任全國人大常委會副委員長王光英親臨現場參觀指導，並為東豐農民畫題詞：「關東情。」當時，《農民日報》《吉林日報》《城市晚報》《遼源日報》《關東週末》、吉林電視台、吉林人民廣播電台、遼源電視台、遼源人民廣播電台等多家媒體對此次展出做了大篇幅的相關報導。

　　為辦好這次展覽，東豐縣委、縣政府高度重視，於半年前就組織農民畫家為該次展覽準備新作品。著名農民畫家李俊傑、李俊敏、姚鳳林、劉振啟、趙廣賢等，多次聚在一起研討創作素材，構思反映東北民風民俗、東豐縣新農村建設、鹿鄉文化等新畫作。縣文化館派專人對畫家進行指導。縣文體局給予鼎力支持。許多畫作都經過畫家多次修改。

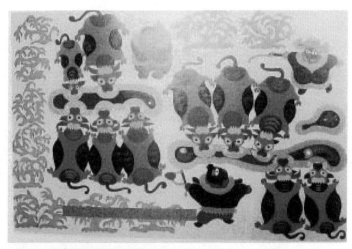

▲ 在中國美術館展出的東豐農民畫《冰河飲牛》　李俊敏

三月中旬，**參賽畫作**全部收集到縣文化館，經過專業人士、農民畫愛好者、社會各界人士認真評選，最後從二百多幅畫作中挑選出四十位畫家的四十五幅作品到中國美術館展出。

▲ 著名漫畫家華君武先生（中）到東豐調研、參觀，並與農民畫作者合影

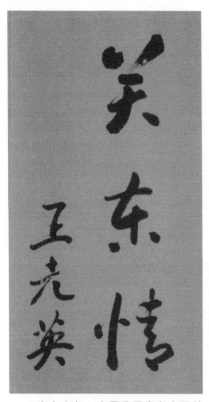

▲ 一九九六年，東豐農民畫在中國美術館展出期間，全國人大常委會副委員長王光英來到現場參觀指導，並題寫「關東情」。

▲ 在中國美術館展出的東豐農民畫《下地歸來》王秀琴

東豐舉辦建縣百年慶祝活動

二〇〇二年八月四日，對四十萬鹿鄉兒女來說，這是一個無比喜慶的日子，東豐縣迎來了建縣百週年紀念日。東豐縣舉行了盛大的建縣百年慶祝活動，來紀念這一具有歷史意義的日子。全縣上下以紀念建縣百年為動力，唱響了加快發展鹿鄉經濟、共建美好家園的主旋律。

這一天，整個縣城披上了節日的盛裝，大街小巷紅燈高掛，彩旗飄揚。七時剛過，興高采烈的鹿鄉人民頂著紛紛小雨，從四面八方來到縣體育場參加建縣百年慶祝大會。八時整，鞭炮齊鳴，歡呼聲四起，百隻吉祥鴿越過主席台，飛向藍天⋯⋯

東豐縣從一九〇二年設縣，已有百年的歷史。一百年來，斗轉星移，滄桑巨變。鹿鄉人民經歷了清王朝、民國、偽滿、國民黨統治時期的風雲變幻；經受了反封建鬥爭、抗日戰爭、解放戰爭、抗美援朝戰爭的考驗和洗禮。英雄的

▲ 百年慶典舞蹈造型

鹿鄉兒女拋頭顱、灑熱血，前仆後繼，奮鬥不息，譜寫了反剝削、反壓迫、反侵略、追求真理、謀求新中國成立的歷史篇章。新中國成立後，東豐人民在黨的領導下，以國家主人的姿態和空前的熱情投身到社會主義現代化建設之中，積極探索和實踐建設東豐、發展東豐、振興東豐的新思路、新途徑。特別是改革開放以來，東豐人民不斷解放思想，更新觀念，深化改革，擴大開放，使東豐發生了翻天覆地的變化，經濟和社會各項事業都取得了巨大成就。

東豐縣「百年」慶祝活動豐富多彩，隆重熱烈，舉辦了《鹿鄉情》大型文藝演出，召開了「情繫鹿鄉聯誼會」，舉辦了百年成果展、地方工業產品展、鹿產品展、農產品展、民營產品展和農民畫、書法繪畫、攝影展以及歌舞晚會、焰火晚會等。

祖海、郁鈞劍、陳思思等著名藝術家來到東豐，為鹿鄉人民獻藝助興。

新世紀廣場更是靚麗多姿。廣場占地七萬多平方米，中心標誌物造型設計獨特，草坪、花壇樣式新穎，地面全部由彩磚鋪就。上萬人在廣場裡休閒、娛樂，場面頗為壯觀。

▲ 慶典活動現場

在東豐縣體育場，舉行了「萬民同歡慶百年」大型歌舞晚會。雖然天公不作美，下起了濛濛細雨，但歌唱家們冒雨為群眾歌唱，觀眾的熱情也絲毫未減，整個體育場約有幾千人打傘觀看了演出。

省歌唱演員盧正陽為觀眾獻上《懂你》，縣第一幼兒園小朋友表演了舞蹈《大家一起來》等節目，在一曲《陽光大道》的歌聲中，晚會進入了高潮。在晚會即將結束時，一束束焰火騰空而起，好似火龍一般照亮整個夜空。晚會在人們陣陣歡呼聲中結束。

▲ 演出的文藝節目

▲ 大秧歌表演

▲ 參加慶典的各界群眾

▲ 鹿鄉節日的夜晚

《豐城新貌》郵資明信片全國發行

▲ 《豐城新貌》郵資明信片正面

　　本套明信片為慶祝東豐縣建縣一百週年而發行。此套明信片以「鹿鄉神韻」為主題，以東豐特產梅花鹿為主要內容，全面展示了東豐縣梅花鹿養殖的悠久歷史和輝煌成就。此明信片由國家郵政局發行，由吉林省郵政局製作，共發行兩萬套。

　　《豐城新貌》明信片設計精美，整套十片，每片都以不同畫面展現了「東豐——中國梅花鹿之鄉」的特色。其中，三幅記錄東豐縣六七十年代野外放養

▲ 《豐城新貌》郵資明信片共十二張

梅花鹿的照片和野生梅花鹿的照片，十分珍貴。既讓讀者感到梅花鹿的神奇可愛，又讓讀者體會到人與梅花鹿融入大自然的和諧美。另外，該套明信片還選用了三幅東豐縣城內以梅花鹿為主題的城市雕塑，凸顯了鹿鄉特色。

　　《豐城新貌》明信片一問世，即受到集郵愛好者的青睞，很快被搶購一空。

▲ 豐城百年夜景　王永剛攝

東豐農民畫在法國展出

　　尼斯——位於地中海藍色海岸的法國著名文化旅遊城市，以其獨特的海岸、天空、光與影，展露著她的浪漫與神奇。

　　二〇〇五年十月至十二月底，來自古老東方的現代民間藝術作品，在時尚的尼斯展現了另一種浪漫與神奇，這就是中國的農民畫。此次畫展中，有多幅東豐農民畫參展。

　　中國農民畫一走進尼斯，就讓法國觀眾和尼斯市民清新地感受到了中國民間繪畫藝術的魅力和色彩。

　　出席畫展開幕式的法國阿爾卑斯濱海省議會副議長阿蘭・弗萊爾先生提前半小時就來到了畫廊，看了畫展後發出了由衷的讚歎：「這是一次想不到的很

▲ 在法國展出的東豐農民畫《月圓家團圓》　張曉娟

▲ 在法國展出的東豐農民畫《農家樂》 段延民

有藝術欣賞價值的畫展，給我們帶來了藝術的驚喜⋯⋯」

　　庫士力耶畫廊的留言簿上，僅僅幾天時間就寫滿了尼斯市民參觀畫展後的留言：

　　「非常令人感興趣，中國農民畫非常吸引人，其中蘊含著一種力量，一種光芒，一種趨勢，很好地融合了那些鮮明的顏色。」

　　「充滿了新鮮的元素，向我們展示了中國和她的傳統。」

　　「非常有魅力的展覽，希望多看到這樣的展覽。」

　　「我們非常喜歡這樣的顏色和布局，感謝你們——中國的畫家們。」

東豐農民畫家劉丹等入駐上海農民畫村

　　有人說，農民畫作為中國當代優秀的民間藝術，包括了最民間、最質樸的構圖和顏色，其藝術語言完美地表現了中國農民豐富的創造力和想像力，具有獨特的生命力、影響力和藝術魅力。的確，在全球一體化的進程中，中國農民畫越來越受到國際上的重視和歡迎。

　　二〇〇七年，東豐縣的劉丹等人成為首批入駐上海農民畫村的畫家。中國農民畫村的建立，為農民畫的創作、發展和進一步走向世界，創造了良好的條件。此次首批集體入駐中國農民畫村的全國十大「中國現代民間繪畫畫鄉」，包括吉林東豐、天津楊柳青、重慶綦江、青海湟中、雲南騰沖、山東日照、陝西戶縣、湖北黃州、河南舞陽和上海金山。每個畫鄉至少有兩位優秀農民畫家

▲ 劉丹入住上海農民畫村儀式

在這裡生活，並進行創作和交流，探索中國農民畫產業的新途徑。東豐農民畫院院長劉丹和高德軍等三位農民畫家成為首批入駐的畫家。

▲ 上海東豐農民畫村

▲ 上海市金山區、吉林省東豐縣各界人士參加入村儀式

▲ 東豐縣領導參觀上海金山中國農民畫村

鹿鄉民間藝術在中國（長春）民博會上成亮麗風景

　　二〇〇九年，在八月八日開幕的第五屆中國（長春）民間藝術博覽會上，來自素有梅花鹿之鄉的美譽——東豐縣的農民畫、葫蘆畫、木刻書法藝術作品一經亮相，就吸引了無數參觀者的目光，成為一道亮麗的風景。

　　東豐縣這次參展的企業有美竹源木刻坊、佟涵葫蘆畫產業園、東豐農民畫苑，以及東豐縣民間剪紙、布貼畫、根雕等。在長春會展中心的 D 展廳，東豐農民畫苑占用了三個展位，一張張色彩鮮豔，充滿濃厚鄉土氣息的生動畫面，展示了新農村的美景，充滿了生活的情趣。這次東豐農民畫苑精選了一百多幅作品展出，這些作品不僅展示了民風民俗、生活變化，同時也通過藝術的

▲ 民博會上展出的曹敏剪紙《滿族民俗》

手段，表達出對未來的嚮往，對黨和政府的感激之情。剛一開展，展位前就人頭攢動，風格獨特的作品讓慕名而來的眾多參觀者嘖嘖稱讚。

佟涵葫蘆畫的展位前也是人潮湧動，各種神態生動、形象逼真、栩栩如生的烙畫作品美不勝收，工藝師傅的現場烙製，讓許多參觀者對這種民間藝術充滿了好奇，各種生肖葫蘆烙畫出現了熱銷景象。

美竹源木刻坊的展位前也吸引了很多參觀者。這種藝術繼承、借鑑、發揚了傳統書法藝術的精髓，漸漸形成一種相對比較獨立的具有裝飾性的藝術形式。這次參展的木刻書法藝術作品將歷代書法名家的名篇名作，賦予現代審美觀念，既保留上乘傳統刻字的工藝技術，又善於推陳出新，採用新的工藝形式，賦予傳統書法新的形式和內容，從而形成了兼收並蓄、具有時代氣息的工藝作品。

東豐縣民間剪紙、布貼畫、根雕等產品，更是令參觀者讚不絕口。

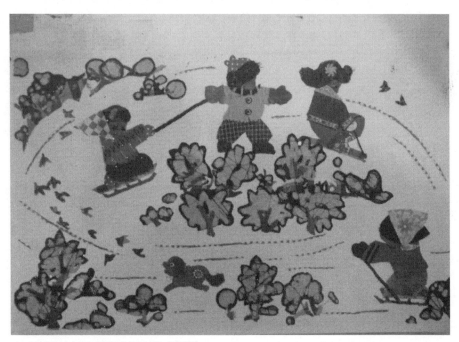

▲ 民博會上展出的曹敏布貼畫《童趣》

▲ 民博會上展出的曹敏布貼畫《關東三寶》

▲ 民博會上展出的王曉涵根雕《百財》

▲ 民博會上展出的王君根雕《旺財》

▲ 民博會上展出的董吉武葫蘆畫《老鼠愛大米》

▲ 民博會上展出的董吉武葫蘆畫《恩愛》

▲ 民博會上展出的李俊敏剪紙《二人轉》

▲ 民博會上展出的李俊敏剪紙《回娘家》

東豐農民畫在省博物院展出

二〇〇九年十一月十七日，由東豐縣委、縣政府和吉林省博物院聯合主辦的「中國‧吉林東豐農民畫展」在長春開幕。

東豐農民畫，猶如一枝紅豔，在省城露凝香。

東豐農民畫發端民間，紮根沃土，是關東大地孕育的一顆璀璨的農民藝術明珠。它形象質樸、自由奔放，構圖新穎、色彩明快，生動描繪了關東大地的風土人情和生活場景，藝術再現了東豐農民的精神風貌和情感追求，極具關東優秀傳統文化底蘊和濃郁的北國民俗風情，已經成為吉林省的文化品牌和名片。近年來，在吉林省委、省政府和遼源市委、市政府的高度重視下，東豐農民畫產業發展迅速，知名度和影響力不斷提高，品牌不斷提升，為農民增收致富開闢了一條新路。一九九七年「鹿苑牌」東豐農民畫商標在國家工商總局註冊，二〇〇一年東豐農民畫作為吉林省重點旅遊紀念品向國內外推廣，二〇〇八年被全國政協會議作為大會紀念品。

東豐縣堪稱人傑地靈的福祥之地。在距今四千多年前，這裡就有人類繁衍

▲ 香飄北國　石豔華

▲ 畫展現場

生息。歷史文化的豐厚積澱，使東豐農民畫茁壯成長，並逐步形成了簡潔明快、稚拙率真的獨特風格，闖出了一條「以地域文化為土壤、以民族傳統為根基、以關東民俗為養分、以農民生活為表現對象」的創作之路。特別是近三十年來沐浴改革開放的春風，東豐農民畫銳意創新，有了長足發展，湧現出一批頗具代表性、影響力的農民畫家和凸顯民族性、時代感的原創作品，與上海金山農民畫江南文化的精緻秀美、陝西戶縣農民畫關中文化的粗獷豪放、重慶綦江農民畫山地文化的恢宏大氣，一同確立了其在全國農民畫領域的重要地位，先後被國家文化部命名為「中國現代民間繪畫畫鄉」「中國民間文化藝術之鄉」，為吉林省的文化事業，特別是工藝美術事業增添了光彩！近年來，遼源市委、市政府，東豐縣委、縣政府和文化職能部門為推動東豐農民畫事業的發展，採取了一系列舉措，一手抓農民畫基礎建設，加大投資力度、培訓力度、宣傳力度和政策扶持力度，促進農民畫出人才、出精品、出影響力；一手抓農民畫產業化運作，積極幫助農民畫家壯大農民畫經紀人隊伍，拓展國內外市場，使東豐農民畫產業發展的鏈條越來越長、效益越來越明顯。

東豐農民畫在吉林省博物院舉行展出，標誌著東豐農民畫作為一項重要的文化產業內容已經躍上了一個新的起點。東豐農民畫反映現實農民生活，記錄歷史深刻變化，展示新農村的風貌。

這次展出的一百四十件畫作都是農民作者新近創作出來的，這些作品與以往相比，更加突出了新時代的特色。

省博物院的負責人表示，在此次畫展結束後，將挑選近十件展出作品進行收藏，永久性地留在博物院內進行展出。

▲ 在省博物院展出的東豐農民畫《收辣椒》　苗芳

▲ 在省博物院展出的東豐農民畫《過年》　張曉娟

▲ 在省博物院展出的東豐農民畫《黃牛息耕圖》　李俊敏

上海世博園綻放黑土地芬芳

二〇一〇年四月底，來自關東黑土地——吉林省東豐縣的農民畫在上海世博會上展出，讓世博園裡綻放出黑土地的芬芳。此次東豐縣參加上海世博會展出的這三十幅農民畫，是從近年來一千多名農民畫作者創作的五千多幅農民畫中精選出來的，風格獨特，各具特色。

東豐縣與上海金山縣（今金山區）、陝西戶縣被國家命名為三大「農民畫之鄉」。東豐農民畫從萌芽到成熟，歷經多年。為切實加強對東豐農民畫的創作和保護工作，東豐縣委、縣政府先後製定了《關於進一步加快東豐縣農民畫

▲ 嘉賓觀看東豐農民畫家現場作畫

發展的實施意見》《東豐縣農民畫作者獎勵辦法》和《東豐縣農民畫作者職稱評聘辦法》等相關文件，對於真正從事農民畫創作的作者給政策、給出路、給待遇，鼓勵農民畫作者繼續堅持創作，繁榮東豐農民畫事業。

▲ 畫展現場宣傳照片

東豐農民畫經過多年的發展，在國內和國際上的文化影響力越來越高。在上海世博會上，東豐農民畫向全世界展示了關東民間藝術獨有的魅力。

▲ 著名農民畫家劉丹為國內外觀眾現場作畫

▲ 上海世博會展出的東豐農民畫《關東三九》 劉丹

▲ 魚 呂延春

中國農民畫藝術節

二〇一二年九月七日至八日，多位嘉賓相聚在風景秀麗的中國農民畫之鄉——東豐，隆重舉辦中國農民畫藝術節和全國農民畫展。這是全國農民畫藝術交流的一次盛會，是中國農民畫在新時期取得輝煌藝術成就的一次集中展示，也是中國美術界的一件大事。

九時許，中國農民畫藝術節暨全國農民畫展開幕。

當天，參加開幕式的領導和嘉賓還觀看了室外大型歌舞演出。

當晚，在東豐二中報告廳舉辦的文藝晚會更是精彩無限，各種民族舞蹈表演、琵琶演奏、戶縣眉戶曲子秦腔聯唱、搞笑二人轉、小品等節目讓人印象深刻。

奧運明星宮金傑也回到家鄉參加了表演。

九月七日晚上，嘉賓觀看燃放焰火。絢麗的煙花在夜空綻放，璀璨奪目。

農民畫藝術節歷時兩天時間，除對二百件優秀農民畫作品在「全國農民畫展」上展出並評獎外，還召開了中國美協、省美協等專家以及各畫鄉代表團成

▲ 遼寧省鞍山市演藝集團為藝術節演出精彩節目　▲ 藝術節鹿鄉的夜晚

員、獲獎作者參加的中國農民畫產業發展暨農民畫繪畫藝術研討會，促進農民畫鄉之間的進一步學習、交流與合作。

▲ 遼寧群星集團為藝術節演出

▲ 藝術節文藝晚會演出實況

▲ 精彩瞬間

▲ 陝西戶縣農民畫家在臺上表演節目

▲ 藝術節文藝晚會上演出的精彩節目《嚮往》

▲ 藝術節文藝晚會上演出的精彩節目舞蹈《明天更美好》

▲ 藝術節文藝晚會演出的舞蹈《幸福生活》

▲ 藝術節文藝晚會演出的舞蹈《祝福》

東豐農民畫實踐課獲吉尼斯紀錄

二〇一二年九月八日，「挑戰吉尼斯世界紀錄——世界上規模最大的藝術課」在東豐縣完成。一千九百八十八名中小學生在東豐縣體育場完成了世界上規模最大的藝術課——農民畫繪畫實踐課。吉尼斯世界紀錄有限公司大中華區紀錄管理部運營主管吳曉紅女士在開幕儀式上宣布挑戰成功並頒發證書。

九月八日八時十二分，隨著一千九百八十八名學生在東豐縣體育場舉起手中的畫板，吉尼斯世界紀錄認證官吳曉紅公布，經過近四十分鐘課程的時間，包括一名教師在內，一千九百八十八名師生上藝術課成功，「世界最大規模藝術課」新的吉尼斯世界紀錄在東豐縣誕生。

七時三十分，在東豐縣體育場，由一名老師和來自東豐縣的一千九百八十

▲ 吉尼斯世界紀錄認證官吳曉紅宣布挑戰結果

八名學生，向二〇一一年英國人創下的八百七十九人上藝術課的吉尼斯世界紀錄發起挑戰，而本次藝術課的內容，便是老師教授學生在紙上畫梅花鹿。

▲ 1988 名中小學生現場作畫

長長的角、像梅花的斑點、活動特別靈活……開始上課後，來自東豐縣大興鎮中心小學、任美術老師十八年的高美娟首先讓坐在草場上的一千九百八十八名學生在腦海中勾勒出了梅花鹿的形象。

背書包的、繫領帶的……在學生們的畫紙上，梅花鹿呈現出了各種狀態。詢問一名正

▲ 學生們展示自己畫出的梅花鹿

在給梅花鹿身體塗上粉色的女孩，她在欣賞了一遍自己的作品後，有些害羞地說：「這個顏色才好看」。一旁的高美娟笑著說：「孩子的畫筆最有想像力」。

近四十分鐘的課程，隨著學生們舉起手中的畫板，吉尼斯世界紀錄認證官吳曉紅宣布，一千九百八十八名師生上藝術課成功，創造了「世界最大規模藝術課」新的吉尼斯世界紀錄。

省政協調研組就東豐農民畫產業發展進行調研

二〇〇六年十二月十八日，省政協調研組專程到東豐縣，對農民畫產業發展情況進行調研。

省政協調研組一行在東豐縣實驗小學綜合實踐活動室——學生農民畫作品展室、東豐縣文化館、東豐縣農民畫苑、農民畫家李俊敏畫室，對東豐農民畫的創作進行了檢查指導。調研中，調研組組長省政協副主席趙家治不時讚歎東豐農民畫的創作水平。在實驗小學學生農民畫作品展室，他說：「把農民畫創作納入學生課堂，這是一種教學改革。」並建議東豐縣在省人大、政協「兩會」期間於省賓館辦一個小學生農民畫畫展。在縣文化館創作室，當得知在遼源市委領導的積極運作下，得到省精神文明辦支持出版的「遼源東豐農民畫二〇〇六年《新農村》」掛曆發行一萬多冊時，趙家治高興地說：「年年過年，

▲ 二〇〇六年，省政協副主席趙家治（右一）聽取農民畫家李俊敏（中）介紹東豐農民畫

農民畫掛曆應年年做。」

省政協調研組建議，發展東豐農民畫，一要完善機制，與市場接軌。要建立與市場運行接軌的公司制，服務農民。通過農民畫的買來賣去，引導農民走向市場；二要拓寬渠道，打開市場。

▲ 春回大地　趙永平

東豐農民畫發展要注重附加值，應有大手筆。通過建設畫廊、搞會展等有效措施搞好包裝，打入城市、鄉村的家庭裝潢；三要精密策劃，擴大宣傳。黨政部門對宣傳農民畫要幫助策劃，給予扶持，通過媒體宣傳，在較大城市辦展覽，利用旅遊景點擴大農民畫影響，展現民族性、多樣性的文化底蘊；四要豐富農民畫的內涵。東豐農民畫在構思、表意、技巧及材料上的創新，應有專人策劃，要利用東北的俗語、民間故事、歇後語等搞好創作，讓人通過農民畫感受情趣，看到哲理；五要採取走出去、請進來的辦法，培養好農民畫人才。

▲ 省政協調研組參觀東豐縣農民畫

▲ 省政協調研組在東豐縣召開農民畫產業發展座談會

李俊傑夫婦赴瑞士參加中瑞農民畫展

二〇一二年十二月三日至二〇一三年三月，瑞士阿彭策爾州傳統文化基金會在瑞士第一大城市蘇黎世舉辦了「當代人眼中的農村」中國瑞士農民畫精品展。共展出瑞士十九位農民畫家和中國二十三位農民畫家的一百四十件作品。東豐農民畫家李俊傑偕夫人石豔華應邀攜作品參展。

中國和瑞士都是傳統的農業國家，中國的農耕文化和瑞士的游牧文化都有悠久的歷史，兩國的傳統文化都源遠流長。瑞士的民間剪紙和民間繪畫作品在世界上也非常有影響。為了增進中國、瑞士兩國人民的友誼，為了進行傳統文化的交流和相互學習，在瑞士阿彭策爾州傳統文化基金會會長恩斯特·霍爾先生的努力下，（2009 年）前舉辦了中瑞民間剪紙的大型展覽，展出期間還邀請

▲ 李俊傑、石豔華夫婦與恩斯特·霍爾先生（中）

六位中國剪紙藝術家徐陽、王川紅等人赴瑞士觀光、採風、創作、交流，取得了很好的效果。展覽的作品編成了作品集，用中文和德文兩種文字出版，瑞士聯邦主席和中國文化部長都為該書寫了熱情洋溢的序言。

瑞士的農民畫歷史久遠，現存的早期的農民畫作品創作於一八八〇年，距今有一百四十多年的歷史。

為了舉辦這次兩國農民畫精品展，瑞士彭策爾州傳統文化基金會會長恩斯特·霍爾先生不顧年高、體弱，親赴中國考查和挑選參展農民畫作品，被他選中的中國農民畫作品基本上在當代中國都是最具代表性的。

霍爾先生到東豐縣李俊傑家挑選農民畫，對李俊傑的作品極為賞識。他通過翻譯於皓告訴李俊傑，李俊傑的作品是他意外的收穫，因為他從未在任何媒體上見過，有耳目一新的感覺，又像是老朋友見面。因為當時李俊傑的作品有幾件要參加全國展覽，不能去瑞士展出。為此，霍爾先生有點兒失望，最後選定五件作品赴瑞士參展。五件作品是《民工潮》《上輩人》組畫中的《老爹》《老媽》《老弟》《老妹》。

二〇一二年十一月三日，李俊傑接到了瑞士阿彭策爾州傳統文化基金會的邀請，偕夫人石豔華同去瑞士蘇黎世參加畫展開幕式。李俊傑和夫人石豔華於二〇一二年十一月二十九日由北京直飛德國的慕尼黑，下了飛機後，畫展籌委會用車接他們直接去瑞士的第一大城市蘇黎世。

恩斯特·霍爾先生在蘇黎世熱情地接待了夫妻二人，並帶二人看了展會的全部展品，詳細介紹了整個展覽的籌備及布展情況。

蘇黎世美術館是一座古典風格的美術館，典雅精緻。牆面上展出作品的空間都非常狹小，而李俊傑的作品開幅都很大，沒有適合展出的空間，為了更好地將李俊傑的作品展示給觀眾，他們破例在展廳中最顯眼的地方做了一個影壁，將李俊傑的作品掛在上邊，看起來既醒目又方便。

當地的畫家和觀眾看了李俊傑的作品，都熱情地請李俊傑合影留念。有的畫家向他贈送了畫冊和作品的照片，李俊傑也向他們回贈了禮物——是他和夫

▲ 民工潮　李俊杰

人石豔華共同創作的農民畫《香飄北國》。此次展出，被邀請的中國畫家只有李俊傑夫妻二人。

二〇一二年十二月三日，當地時間十點整舉行了畫展開幕式。中國駐瑞士大使梁加全，阿彭策爾州州長恩斯特·霍爾先生都做了熱情的講話，李俊傑作為唯一的畫家代表也做了發言。李俊傑的發言引起一陣陣熱烈的掌聲。

會後，李俊傑和國外畫家們進行了理論研討。與會畫家一致反映，通過這樣的展覽使兩國觀眾更多地瞭解了對方國家的民俗風情和國情，增進了友誼，相互間學到了很多東西。有的畫家和李俊傑說，你的《民工潮》就是中國當代人們生活的一種特有現象的真實反映，中國經濟的發展是在農民工的肩膀上完成的，你的《上輩人》反映的是百十年前中國人在農村生活的真實再現，田園風光生活習俗和我們的生活很相似，看了很親切。李俊傑和夫人石豔華還現場為觀眾做了繪畫示範。

有的觀眾通過翻譯和李俊傑說，你的畫不奇不怪，能看懂，真好。李俊傑的這五件作品被當地美術館收藏，他們隆重地向李俊傑頒發了精美的收藏證書。

為了更好地宣傳這次展覽，主辦方也做了很多宣傳工作，他們將李俊傑的《民工潮》一畫作為本次展出的唯一宣傳畫，噴繪成幾十平方米甚至上百平方米的大畫掛在大樓的牆面上，又將《民工潮》精印成一米多大的宣傳畫掛在大商店的櫥窗裡展示。畫展的邀請函和宣傳卡都印了《民工潮》。本次展覽出版畫冊封面也是《民工潮》。他們還將李俊敏的農民畫《冰上飲牛》做成 LED 動畫片，在美術館外面的大牆上滾動播放，吸引眾多人駐足觀賞。

耿瑩為「東豐農民畫創業產業基地」授牌

　　二〇一三年十一月十五日，中國華夏文化遺產基金會會長耿瑩一行專程來東豐縣調研以東豐農民畫產業為主的全縣文化產業發展情況。中國華夏文化遺產基金會，是中國文化遺產發現研究、保護的社會組織之一。基金會在募集海內外資金、開展國際合作與交流，修繕和保護中國文化遺產等方面做出很大貢獻。

　　在東豐·中國農民畫館裡，一幅幅色彩鮮明、創作手法誇張的農民畫吸引著她駐足、品評、觀看。她一邊聽取縣領導和畫館工作人員的介紹，一邊不時地詢問繪畫的創作過程，並和在現場作畫的農民畫作者親切交流。尤其是在《幸福的晚年》《關東大車店》等充滿濃郁時代氣息的畫作前，耿瑩頻頻點頭稱讚。當看到農民畫家李俊傑為她父親耿飈所做的畫像和父親的親筆題詞「永遠不要忘記農民，要為農民辦實事辦好事」時，耿瑩非常激動。她說，父親是中國農民書畫研究會創始人，自己一定會秉承父親遺願，為農民畫發展做更多的實事，幫助東豐農民畫走出國門，走向世界。

　　參觀結束後，耿瑩還與農民畫作者共聚一堂，探討農民畫的產業化發展。座談中，耿瑩對東豐農民畫盛讚不已。她說：「第一，東豐人的自信，我感覺到了；第二，東豐人的信念、骨氣，已經給我很大鼓勵。東豐農民畫是提高農民文明程度的基石，它有著悠久的歷史，有著獨特的創作手法，這是難能可貴的。」對於農民畫的產業發展，耿瑩提出了她的真知灼見。耿瑩表示，中國華夏文化遺產基金會將積極努力，幫助東豐

▲ 耿瑩為「中國華夏文化遺產基金會東豐農民畫創業產業基地」授牌

▲ 耿瑩（左二）在東豐農民畫館調研　　　　▲ 耿瑩為東豐農民畫館題詞

農民畫走出國門走向世界，希望雙方進一步加強務實合作。

　　座談結束後，耿瑩現場揮毫，贈墨寶給東豐農民畫館並與農民畫作者合影留念。

　　耿瑩還為「中國華夏文化遺產基金會東豐農民畫創業產業基地」授牌。

　　中國華夏文化遺產基金會秘書長蔡寶光、中國華夏文化遺產基金會副秘書長、惠鑫盛泰集團公司董事長王富林及市縣相關部門領導等也陪同調研。

▲ 回九　荊銳

黑土地上的「畢加索」走進民族文化宮

二〇一三年十二月二十一日到二十三日，東豐縣在北京民族文化宮成功舉辦了東豐農民畫進京匯報展覽和「中國農民畫東豐基地」授牌儀式。此次共展出一百三十二幅精品，吸引眾多京城書畫愛好者前來觀看。同時，中國農民書畫研究會為東豐縣授牌「中國農民畫東豐基地」。

此次展覽為期三天，參展的一百三十二幅精品東豐農民畫作品，不僅代表了當代東豐農民畫的最高藝術水準，更飽含廣大農民畫家對家鄉的熱愛，寄託著新時期農民對幸福生活的嚮往，集中反映了當代東豐農民的時代精神。該展覽也吸引了京城眾多書畫愛好者、廣大市

▲ 展會開幕現場

▲ 嘉賓觀看東豐農民畫

民前來觀賞。來自東豐縣的二十多名農民畫家，現場為嘉賓和參觀者作畫。

多年來，被譽為「東方畢加索」的東豐縣農民畫家，以「想像豐富，創作大膽，毫無條條框框約束」獨樹一幟，成為中國農民畫領軍的隊伍。

▲ 民族文化宮展出的東豐農民畫《齊心協力》　趙繼霞

▲ 國學大師崔自默（右一）饒有興趣地參觀東豐農民畫展

▲ 東豐縣委縣政府主要領導親臨現場

▲ 民族文化宮展出的東豐農民畫《荷塘月色》　張曉娟

海峽兩岸春節民俗廟會上展出「關東風情」

　　二〇一四年初，在中國友好和平發展基金會、中華文化聯誼會、吉林省人民對外友好協會與台灣文化主管部門的全力支持下，東豐縣東豐農民畫院帶著濃濃的東北風情來到了美麗的寶島台灣，與台中人民共同觀看了精湛絕倫、異彩紛呈的第四屆海峽兩岸春節廟會的開幕式。本次廟會以「關東神韻‧大美吉林」為主題，突出了吉林省的地域特色，精選吉林傳統民族歌舞、地方特色小吃、民俗手工藝、攝影作品等。「海峽兩岸春節民俗廟會」是文化部的海外「歡樂春節」活動項目之一。此前已成功舉辦三屆，第四屆在吉林衛視、廈門衛視同步播出，起到了非常好的宣傳作用。東北的民族歌舞、特色小吃、工藝

▲ 大鍋貼餅子燉菜　劉丹

品都深受台灣人民的喜愛，淳樸寫實的東豐農民畫也受到了台灣朋友的一致好評，當地市民爭相購買作為紀念。這次盛會不僅推動海峽兩岸文化交流，加深兩岸同胞相互瞭解，也向台灣民眾集中展示了獨特的關東神韻、塞外風情。台灣人民深深感受到了來自白山松水黑土地的東北人的豪情，體會東北特色美食的芳香四溢，體會東北傳統文化的獨特韻味，體會東北淳樸的農家生活、鄉野美景，體會東北農民畫源自生活又高於生活的民間藝術。

▲ 海峽兩岸春節民俗廟會

▲ 海峽兩岸春節民俗廟會上展出的東豐農民畫

▲ 參觀者對東豐農民畫非常感興趣

▲ 老鷹抓小雞　張爽

▲ 舞龍　劉振啟

第一屆「慧鑫勝泰杯」農民畫大獎賽頒獎典禮

二〇一四年一月十九日，備受關注的第一屆「慧鑫勝泰杯」農民畫大獎賽頒獎典禮在東豐二中報告廳盛裝啟幕。大賽獲獎代表、農民畫作者和社會各界人士七百餘人齊聚頒獎典禮現場，共同見證這一激動人心的時刻。

晚上六點三十分，在喜慶、奔放、熱烈的開場舞《歡歡喜喜過大年》節目中，頒獎盛典正式拉開大幕。央視《鄉村大世界》欄目製片人、著名主持人畢銘鑫和長春著名電台主持人史小末受邀擔任盛典主持。

頒獎盛典氣勢恢宏，激情澎湃。尤其是蒙古族歌手烏蘭托婭和青年歌唱家劉和剛的傾情加盟，更成為頒獎盛典上的一大亮點。草原歌曲《美麗的草原我的家》《呼倫貝爾大草原》讓大家領略了烏蘭托婭這位民族歌手深厚的演唱功底和獨特的聲線。耳熟能詳的歌曲《父親》《兒行千里》在青年歌唱家劉和剛的演繹中，表達出了對祖國、家人、師長、朋友的愛，令現場觀眾為之感動。特別是劉和剛演唱自己原創的新作品《你是我的好朋友》時，與現場觀眾歡快互動，形成強烈共鳴，掌聲此起彼伏。

除了明星大腕，東豐縣土生土長的二人轉演員還為在場觀眾帶來了精彩的二人轉表演。由畫鄉人自編自演的歌曲《農民畫家之歌》，更是將整個頒獎典禮推向了高潮。

隨著演出節目的精彩進行，各類獎項也一一揭曉。

此次農民畫大獎賽由慧鑫勝泰國際傳媒有限公司舉辦。大賽從二〇一三年十二月末開始啟動，經過近二十天的籌備、徵集，在各專家評審認真考量、細心斟酌下，參評的近六百幅作品中，共有五十九幅作品獲獎，其中農民畫作者李俊敏、李俊傑、王忠禮、肖德峰四位獲得特別貢獻獎。

頒獎晚會亮點頻現，主辦單位慧鑫勝泰國際傳媒有限公司董事長王富林在頒獎典禮上飽含激情地說，此次舉辦農民畫大獎賽，旨在提高東豐縣農民畫作

者的創作水平，從更廣泛的、更多的農民畫創作隊伍中提煉出更精美的藝術作品，為東豐農民畫走向全國、走向世界創造條件。

　　頒獎晚會上，南屯基鎮合興村村委會還為給東豐農民畫發展做出過突出貢獻的中國書畫協會主席崔自默頒發了「榮譽村民」證書。

▲ 第一屆「慧鑫勝泰杯」

▲ 舞龍　劉振啟

▲ 頒獎晚會演出的歌舞《鹿鄉美》

▲ 頒獎晚會演出的歌舞《走進新時代》

▲ 頒獎晚會演出的歌伴舞《明天更美好》

東豐農民畫首赴聯合國展出

二〇一四年五月二十一日，「世界情‧中國夢——中國農民畫精品暨東豐農民畫赴聯合國總部大展」在紐約聯合國大廈隆重啟幕。中國常駐聯合國代表團、中國農民書畫研究會、聯合國國際健康與環境組織傾情推介，中國農民畫首次大規模、精品化地登上聯合國大舞台。正在中國訪問的聯合國秘書長潘基文專門通過有關渠道表達了他對展覽開幕的熱烈祝賀。中國常駐聯合國副代表王民大使，聯合國副秘書長彼德‧朗斯基‧蒂芬索，全國政協常委、中國農民書畫研究會會長、大展推展人王林旭出席開幕式並致辭；中國吉林省東豐縣領導代表農民畫鄉講話並與中國農民書畫研究會副會長、大展策展人畢銘鑫向聯合國捐贈農民畫即東豐農民畫家李俊敏作品《中非對話》；多國常駐聯合國使節、聯合國秘書處官員、中外藝術家及媒體記者等百餘人參加。王民大使首先對中國農民書畫研究會在聯合國舉辦畫展表示祝賀。他相信本次展覽將有助於增進大家對中國的瞭解，促進世界不同文明的對話與交流。聯合國副秘書長蒂芬索歡迎中國農民藝術家到聯合國舉辦畫展，表示聯合國曆來主張不同文明的和諧共存、互鑑共進。這些優秀的中國農民藝術作品向世界各國展現了中國人追求和平發展、和諧幸福、健康生活的理念。王林旭會長高度評價中國農民畫的藝術價值，表示這些作品具有深厚的民間文化基因，反映了農民對自然和土地的珍惜以及對生命與環境的關愛。他感謝聯合國對中國農民原創藝術的支持，希望本次畫展成為中外文化交流的典範。畫展上，主題畫《世界情‧中國夢》與《復興之夢》兩幅作品吸引了眾多紐約當地藝術家與參觀者的眼球。兩幅主題畫均是東豐農民畫家的手筆，專為此次大展而創作。《世界情‧中國夢》中的和平鴿是由數個國家的國旗組合而成，象徵著全世界人民共同追求和平的美好願望。和平鴿下的風箏則是中國元素，畫面欣欣向榮，農民用自己的方式表現了中國和世界的融合與進步；而《復興之夢》中畫家筆下的長城、宇宙飛

船和色彩瑰麗的稻田、辛勤耕耘的農夫等畫面元素，融合在一起所呈現出的構圖之巧妙、意境之高遠讓人很難想像它出自農民畫家之手，作者把農民自身的夢想和偉大中國的夢想相連接，成就了農民特色的中國夢畫卷。此行赴紐約的農民畫家一共有七位，包括李俊敏、李俊傑、竇錫珍、呂延春、郭榮梅、姜海傑、左鋒義，他們分別來自吉林東豐、天津大港、河南內黃等農民畫鄉。面對這些質樸的農民畫家，外國藝術家、參觀者送上了「農民畢加索」的美譽。「很難相信這些是農民的畫作，想像很豐富，創作很大膽，毫無條條框框的約束。他們是東方的畢加索、馬蒂斯！」外國朋友的盛譽，給了大家很大的鼓舞。一百〇八幅農民畫精品，一百〇八位農民畫家，三十五個農民畫鄉——從北京到紐約，農民畫家向世界描繪中國。當代中國農民畫是世界文化寶庫中的一朵奇葩，執著鄉土，悄然綻放。著名畫家王林旭、著名電視人畢銘鑫聯手策動「世界情・中國夢——中國農民畫精品暨東豐農民畫赴聯合國總部大展」，

▲ 東豐農民畫聯合國展出現場

由中國農民書畫研究會在全國範圍內甄選一百○八幅農民畫精品，帶到紐約聯合國總部展出。中國農民畫登上紐約聯合國總部，這一土一洋的結合，巨大的反差衝撞著人們的神經，令當代藝術界刮目相看，讓全世界再次認識與重新評估中國農民畫。而這些都源自大展發起人、策展人畢銘鑫的一份情懷。他在中央電視台做農業節目《鄉村大世界》很多年，行走全國各地見到許多農民畫、農民畫家，畢銘鑫把自己最愛的鄉土藝術推廣到紐約，讓世界看見中國農民畫。「讓世界看見」，這是大展的初衷之一。目

▲ 絡繹不絕的參觀者

▲ 外國友人向東豐縣領導瞭解東豐農民畫

前在中國兩千八百多個區縣中，有六十八萬個鄉村，數百萬農民繪畫藝術家。而展覽成功落幕之後，王林旭更多思慮的是如何讓藝術傳承。畢銘鑫及中國農民書畫研究會也有諸多計劃，辦聯合國大展歸國展、設立中國農民畫年代館、建設農民畫創作採風基地、教育基地等等。畫展持續三天，於五月二十三日落幕。據悉，大展全部參展作品將於七月在中國北京舉辦的「世界情‧中國夢——中國農民畫精品暨東豐農民畫赴聯合國總部大展歸國展」上與中國觀眾見面。

▲ 大展策展人畢銘鑫向聯合國捐贈的東豐農民畫家李俊敏作品《中非對話》

▲ 拉大鋸　王淑傑

▲ 在聯合國展出期間引起轟動的東豐農民畫《世界情·中國夢》 呂延春

李俊敏剪紙作品赴韓國展出

應大韓民國傳統民俗文化保存會的邀請，二〇〇二年五月二十五日到六月九日，東豐農民畫家藝術家李俊敏參加了在韓國忠清南道的大田市舉辦的韓、中、日三國剪紙作品展及學術研討會。

這次展出的地點設在大田市公州民俗劇博物館，展位設置成Ⅱ形，對稱的兩面八個 2m×2m 的展位為韓國的作者展位，橫向 5m×3m 為中國展位，3m×3m 為日本展位。展位的位置和面積，中國的都是最好的最大的，足見舉辦者對中國作者及作品的重視。由於民俗習慣的不同和剪紙實用性的差異，韓、日剪紙多用白色，手法以陰刻為主，從視覺效果上看有一些單薄和煩瑣，但也不乏工細和精彩之處。中國的剪紙多用紅色和深色，構成紋樣千變萬化，內容豐富多彩，在整個展廳內形成了鮮明的對比。上好的展位，鮮明突出的色彩，在整個展廳中形成了觀眾聚焦的亮點。

開幕式於五月二十五日上午九時在公州民俗劇博物館隆重舉行。當地的政府文化官員、多家媒體的採編人員、文學院的民俗學專家、博物館的全體員工和傳統民俗文化保存會的會長及工作人員，共七十餘人參加了開幕式。

開幕式後，韓國的剪紙藝術家演示了與剪紙有關聯的設位說經的活動。她們表演精彩、認真投入，剪紙技藝嫻熟高超，讓觀眾歎為觀止。她們對傳統民俗的虔誠和對民間藝術摯愛的表演，更使觀眾受到極大的震撼和感染。

開幕式的第二天，參觀者十分踴躍。前來參觀的公州文學院藝術系的師生們，看過展覽後，一再要求中國藝術家李俊敏為她們講課，並做現場演示。盛情難卻，李俊敏為師生們介紹了中國剪紙的應用和簡單技法的演示。中國剪紙豐富的文化內涵和廣泛的適用性，以及工藝上摺、疊、剪、刻等千變萬化的多樣性，讓師生們驚嘆不已，不斷鼓掌喝采。

深邃的文化內涵，精美的圖案造型，征服了公州文學院藝術系的都英美老

師。她執意要向中國藝術家學習剪紙，拜李俊敏為師。她的真誠和對剪紙藝術追求的虔誠，讓人無法拒絕。李俊敏只好接收了這個學生，在週六和週日每天為她授課一個半小時。都英美老師極其聰明，學習很認真，進步很快。通過學習，她更領悟到了中國剪紙藝術的博大精深之處。她表示，一定要創造機會到中國，學習剪紙藝術，學習民間藝術。

學術研討會是二十八日在公州一家酒店中進行的。在會上，李俊敏做了題為《中國剪紙紋樣文化內涵的解析》的學術報告。李俊敏用樸實生動的語言表達，縱橫捭闔的論證方式，闡述了中國剪紙源遠流長的藝術積澱和紋樣中蘊含的人文精神，以及構成中的天人合一的造型規律。廣博的學識和生動的表達，博得了與會者的陣陣掌聲。會後，韓國專門研究民俗與剪紙的公州文學院的具重會博士特別邀請李俊敏到文學院與其共同探討中、韓民俗剪紙的淵源及相關的學術課題。

鑒於李俊敏在學術研討會上的貢獻和藝術上的成就，組委會專門為李俊敏製作了精美的也是整個活動中唯一的一塊勳牌。

展覽期間，很多方面都得到了公州民俗劇博物館的支持和幫助。特別是沈雨晟館長，他是一位年近七旬的老人，慈眉善目，和藹可親。他有著廣博的民俗學識，又是一位很具有同情心和愛心的藝術家兼學者，他既是館長又兼任韓國文化部文化經濟委員長。他十分崇尚中國藝術，對李俊敏的剪紙也十分感興趣。在十分繁忙的情況下，他每天都要到展廳內觀摩欣賞，並不斷用生硬的中國話說「好好好」。展出的第二天，他便提出要收藏十幅中國剪紙，並作為永久館藏。他說，這是館內首次收藏的中國剪紙，並真誠表示，這既是文化的交流，更是一種友誼的存念。為了表示真誠和莊重，特製作精美的收藏證書，並舉行了隆重的頒證儀式。

此次展覽，也備受當地媒體的關注與支持。在協會製作的展覽宣傳冊上，李俊敏的作品及個人照片放在彩色封面的顯著位置。當地的報紙以較大的篇幅刊登了李俊敏與博士和館長切磋的照片和有關李俊敏的藝術成就及藝術簡歷。

一個頗有資歷的攝影師提出免費為李俊敏的作品上網，旨在用互聯網把李俊敏的作品介紹到全世界。

這是一次成功的展出，更是一次友好的交流。在韓期間，李俊敏真正體會到了中國民間藝術的魅力，也為能到異國他鄉傳播中國民間藝術，並把自己家鄉的名字寫在作品上留在異國他鄉而感到自豪。

▲ 《老夫老妻》

▲ 李俊敏剪紙在韓國展出期間，慕名拜李俊敏為師的韓國學生都英美（左），認真跟李俊敏學習剪紙技法。

▲ 李俊敏剪紙作品《財神爺》　　▲ 李俊敏剪紙作品《老漢和牛》

▲ 喜悅　李俊敏

東豐縣隆重紀念人工養鹿二百週年

　　一九九六年，是東豐縣人工養殖梅花鹿二百週年暨張學良將軍為東豐縣題詞「中國梅花鹿之鄉」一週年。東豐縣依據歷史檔案記載隆重舉行了紀念活動，許多名人及黨政部門代表參加了這一活動。宋德敏（全國政協原常委、秘書長）、郭布羅潤麒（愛新覺羅・溥儀先生內弟、中國社會科學院研究員、第

▲ 一九九八年省政府授予「馬記　▲ 省工商局授予「馬記鹿茸」為吉林省著名商標
　鹿茸」為馳名商標

▲ 江城養鹿場　　　　　　　　　▲ 東豐型梅花鹿

▲ 「東豐梅花鹿」地理標誌商標

六屆、第七屆全國政協委員）、章帆（解方將軍夫人）、張仲群（張學良將軍之姪、張學思將軍之子）、解海南（解方將軍之子、中國人民大學教授）等全國知名人士前來參加了慶典活動。

東豐——中國梅花鹿之鄉這顆璀璨明珠，以其獨特的文化底蘊和獨特的經濟優勢，日益吸引著世人的關注。一九九二年，愛新覺羅‧溥傑先生緬懷當年鹿苑，奮筆書寫了「神州鹿苑」四個大字題贈東豐，寄託了他對東豐鹿業發展的殷切期望。一九九五年，身居海外的張學良將軍，親筆題詞「中國梅花鹿之鄉」。二〇〇四年，全國春季鹿業研討暨第三屆中韓科技交流會在東豐縣隆重召開。會上，中國農學會特色經濟專業委員會正式授予東豐縣「中國梅花鹿之鄉」稱號。

▲ 中國特產之鄉組委會授予東豐縣「中國梅花鹿之鄉」稱號

▲ 《辭海》載：東豐縣以產鹿茸著名，有全國較早的養鹿場

▲ 原南山賓館院內鹿鄉雕塑

▲ 全國人工養鹿較早的東豐縣橫道河養鹿場

遼源・東豐舉辦鹿鄉文化藝術節

二○一三年五月三十日，遼源・東豐鹿鄉文化藝術節隆重開幕。

上午八點，開幕式正式開始，六名旗手護衛著五星紅旗走在隊伍的最前面，緊隨其後的是「美麗東豐、活力東豐、幸福東豐」「三創三快」東豐精神的標語和中國力量的宣傳畫，紅旗方隊、樂隊、縣樹方隊、縣花方隊、花束隊、花環隊依次上場，用活力充分展現出東豐人民全力開創突破發展、領跑發展、進位發展新局面的豪情壯志。

九點四十分，體育場內高奏中華人民共和國國歌，全體人員莊嚴肅立，國旗冉冉升起。隨後，會場內萬人齊唱縣歌《鹿鄉美》，悠揚的歌聲在體育場內迴蕩。

開幕式後，進行了大型團體操表演。

大型團體操表演以明朗歡快的東豐縣歌拉開序幕，由東豐四中八百八十八名學生組成的強大陣容，通過變換的圖案，分三個樂章將活力東豐、發展東

▲ 藝術節期間表演的文藝節目

▲ 藝術節期間表演的文藝節目《今天舞起來》

▲ 藝術節期間表演的文藝節目《國旗舞》

豐、幸福東豐一一呈現出來,描繪了鹿鄉人民的幸福生活和美好未來。

由老年體協組織的三百人太極拳表演,剛柔相濟,融東方智慧和文化精髓於一招一式當中,成功地表現了鹿鄉人和諧統一、積極進取的精神。

由三百人表演的健身操隊伍整齊,步伐矯健,英姿颯爽,是全縣群眾投身豐富多彩的體育活動的微縮展現。

神鹿藝術團表演的《大麗花,我心中的花》唯美、清新,健身操《醉美鹿

鄉》、《今天舞起來》動感活潑，富有青春氣息，充滿了對鹿鄉的熱愛和建設家鄉的蓬勃激情。

　　大秧歌表演獨具東北民間特色，特別是流暢的舞龍表演，時而飛龍戲珠，時而龍飛九天，靈動的表現，向現場觀眾奉獻了體育與中華文明交相輝映的精彩一幕。中糧包裝公司的工人表演了體現「力與美」的舞蹈《青春讚歌》。這一幅幅壯美的全民健身畫卷，把現場氣氛一次又一次地推向高潮。整場表演氣勢恢宏，演繹了一場文藝和體育相結合的文體盛宴。

▲ 藝術節期間表演的文藝節目《龍舞》

▲ 藝術節期間表演的文藝節目《鼓舞》

▲ 藝術節期間表演的文藝節目《快樂東豐》

▲ 藝術節晚會表演的文藝節目《鹿鄉美》

▲ 鹿鄉文化藝術節焰火表演

東豐舉辦首屆仲夏梅花鹿文化節

二〇一三年七月十九日到二十九日，東豐首屆仲夏梅花鹿文化節隆重上演。東豐仲夏梅花鹿文化節將豐富多樣的娛樂、遊覽與展會活動融為一體。

東豐首屆仲夏梅花鹿文化節活動主要以推廣東豐民俗文化產業品牌優勢，進而帶動東豐文化旅遊業的發展為目標。開幕式於七月十九日上午七點三十八分在東豐縣濱河廣場舉辦，隨後展開鹿王評選大賽、首屆「仲夏梅花鹿文化節」形象大使選拔賽決賽、「最美的鹿鄉」攝影大賽、「啤酒美食嘉年華」以及車友會自駕遊、「皇家鹿苑」歡樂遊等多種活動。活動讓大家領略到東豐歷史文化魅力，共譜東豐發展新篇章。

開幕式當日下午，開展了梅花鹿「茸王」評選，即在縣內外企業的優質梅花鹿茸中評選出東豐「茸王」。來到鹿鄉見識不到「茸王」豈不遺憾？活動當天，「茸王」還由企業自主決定是否在展會期間拍賣，東豐誠邀各方遊客觀看了一場「鹿死誰手」的頂級茸王爭霸賽。翌日，首屆仲夏梅花鹿節形象大使選拔賽決賽也在東豐縣緊張角逐，以省級以上藝術家和相關領導為評委，評選出冠軍和「十佳獎項」。本次形象大使的評選活動進一步加強了東豐梅花鹿產業的宣傳，詮釋東豐文化魅力。

「啤酒美食嘉年華」與「最美的鹿鄉」攝影大賽是本次活動又一亮點。兩項活動均貫穿節慶始終。仲夏時節，美食與涼爽啤酒的誘惑讓人無法阻擋，啤酒美食節聚集縣內外各類啤酒和美食小吃。同時，

▲ 東豐首屆仲夏梅花鹿文化節城區宣傳標語

▲ 仲夏梅花鹿文化節開幕式現場

進行了文藝演出，是融經貿、旅遊、文化為一體的大型娛樂美食盛宴，成為東豐仲夏梅花鹿文化節的響亮招牌。「最美的鹿鄉」攝影大賽，以宣傳最美的鹿鄉為活動主題，選材均為東豐境內的自然風光和人文風情等內容，全國各地攝影家和攝影愛好者參與了梅花鹿文化節，用相機記錄了東豐的點滴，將最美的一瞬永久地定格在畫面中。最終，由評委打分和網絡人氣決定勝負，於二十九日上午進行了頒獎典禮。在節慶期間，還有變形金剛真人秀、巡遊花車、人體彩繪、外籍巡遊隊伍等時尚元素空降東豐。

▲ 梅花鹿「鹿王」評選

▲ 文化節期間演出的精彩節目《鹿鄉女人美》

▲ 評選出的「鹿王」

▲ 評選出的優質鹿茸

▲ 文化節期間展銷的鹿系列食品

電影《鄉長丁滿貴》在東豐縣全景拍攝

▲ 開機前新聞發布會

二〇一〇年五月三十一日，輕喜劇電影《鄉長丁滿貴》在東豐縣開機。電影《鄉長丁滿貴》導演戈日泰以及劇組全體演職人員參加了開機儀式並一起為開機揭幕。

《鄉長丁滿貴》由長影著名導演戈日泰執導，片中男一號丁滿貴由國家話劇院一級演員趙小川扮演，丁滿貴妻子由長春話劇院演員王紅梅扮演，她曾在電視連續劇《劉老根》中扮演「丁小滿」。

影片主要講述某鄉鄉長丁滿貴在當前改革開放的大背景下，在新農村建設的新形勢下，面對各方利益的衝突，妥善處理複雜關係，為百姓辦好事、實事，樹立了基層黨員幹部的良好形象，教育意義深遠。在該片中，反映出了東豐縣日新月異的發展現狀、社會和諧的發展氛圍、皇家鹿苑的特殊歷史地位、文化建設的輝煌成就、新農村建設的豐碩成果等，對塑造東豐新形象、打造東豐畫鄉、鹿鄉品牌起到了有力的宣傳推動作用。

電影《鄉長丁滿貴》攝製組在東豐縣橫道河、三合鄉、小四平等鄉鎮實地拍攝。影片片長九十分鐘，六月中旬封鏡，在央視六套和各院線上映。

戈日泰導演之所以把故事的發生地設在東豐縣，是因為東豐縣在改革開放中日新月異的發展現狀、社會和諧的發展氛圍深深吸引著他。特別是東豐縣「皇家鹿苑」的特殊歷史地位、文化建設（農民畫）的輝煌成就、新農村建設的豐碩成果及東豐縣對該片攝製組的友情支持打動了他。在開機儀式上，戈日泰表示，影片中要植入反映東豐特色的元素，達到宣傳推介東豐的效果，為擴

大東豐知名度和影響力打造聲勢，
促進東豐經濟發展和社會進步。

　　該影片用劇情和畫面語言展現
東豐新農村建設成果，反映東豐
「皇家鹿苑」的獨特歷史地位，全
力宣傳東豐農民畫的文化品牌。影
片選址之一為橫道河鎮合力村，以
該村特有的秸稈燃氣這一低碳節能

▲ 電影《鄉長丁滿貴》劇照

環保技術為故事素材，在畫面中展現東豐鄉鎮良好的村容村貌、蓬勃開展的廣
場文化活動等場景，全力打造鹿苑品牌。多處場景懸掛東豐農民畫，以此加大
東豐農民畫的影響力和宣傳力度，促進東豐縣文化產業發展。六月一日，該影
片在省新農村建設試點村東豐縣三合鄉螞蟻村五組慕洪福家正式開拍。

　　二〇一一年十二月二十三日晚上十一點，《鄉長丁滿貴》在央視電影頻道
播出。

▲ 電影《鄉長丁滿貴》拍攝現場

電影《七彩田野》在東豐縣封鏡——中國非物質文化遺產東豐農民畫首次亮相銀幕

▲ 《七彩田野》新聞發布會

「東豐農民畫享譽全國，它根植於黑土地文化、梅花鹿文化。該片將傳統和現實結合，展現中國先進農村文化，以傳達社會正能量。」中國首部農民畫電影《七彩田野》出品人冷雪松在二〇一三年十月十日舉行的開機儀式上說。

電影《七彩田野》在吉林省東豐縣扎蘭芬圍民俗文化園影視基地開機拍攝。據悉，這是中國首部農民畫題材的電影，也是享有「中國農民畫之鄉」美譽和悠久歷史的東豐農民畫藝術首次被搬上銀幕。

該片以「中國農民畫之鄉」吉林省東豐縣為背景，以東豐農民畫家為原型，描寫了幾代農民畫家薪火相傳——傳承非物質文化遺產農民畫，以及農民畫帶來的震撼的藝術力量。影片以農村青年七彩和田野為代表的農民拿起鋤頭鏟地，拿起畫筆作畫，用自己的汗水和智慧，描繪七彩斑斕的生活。把生活的美感和人生的嚮往揮灑在心靈的畫紙上，種植在廣闊的田野鄉間，展現了中國當代農村波瀾壯闊的詩意畫卷和當代農民的內心期盼。

《七彩田野》劇情介紹　鹿鄉村早年是御封的「皇家鹿苑」，這裡的村民除了養鹿、種地，還有一個特有的民俗，男女老少都會畫上幾筆……

村裡最珍貴的一幅畫是掛在闕爺爺房裡的《晚年夕陽紅》。突然一天這幅畫失蹤了，一起失蹤的還有宿存恩怨的楊田兩家的姑娘楊七彩、兒子田野，原本平靜的鹿鄉生活從此被打亂……

田野建成了鹿產品加工廠；楊七彩成立了「農民畫苑」。大學畢業的汪春才回鄉當了村幹部、趙耀建立了農村「網絡醫院」……

幾個青梅竹馬、一起成長的年輕人在經歷了感情、事業，甚至生命的洗禮後，終於實現了各自美好的理想。

鹿鄉農民畫的價值得到了人們的認可，歷盡坎坷的鹿鄉村生活終於發生了如畫中描繪的全新變化……

影片將在北京旭日平安文化傳媒有限公司全國農村數字電影院線放映十五萬場以上，最後在中央電視台電影頻道播出。

▲ 《七彩田野》劇照田野（李琦演）與七彩（徐婷飾）

▲ 《七彩田野》劇照七彩（徐婷飾）

▲ 《七彩田野》劇照左凡（夏陽飾）

▲ 《七彩田野》劇照楊五牛（關欣偉飾）七彩（徐婷飾）

吉林省「二人轉總動員」張豔春登上「夢想舞台」

二〇一一年七月二十五日，對中國梅花鹿之鄉東豐縣評劇團的二人轉演員張豔春和女兒張樂來說，絕對是最美好的時刻。這天下午，父女倆在央視錄製「非常 6+1」六期節目中，被分在第二期的第二組並評上第二名。消息傳來，豐城人興奮激動，使吉林人臉上增光。在央視舞台上「瀟灑走一回」的「勇士」，使「中國梅花鹿之鄉」揚名全國。

機遇、能力加意志是走向成功的「金鑰匙」；理解、支持加環境是獲取成功的「金光光道」。在東豐縣領導和相關部門的大力支持下，二〇一一年三月，作為民間藝人，四十歲的張豔春和搭檔李亞紅在吉林鄉村電視台「二人轉總動員」二〇一〇年度民間組總決賽中奪得冠軍，繼而被東豐縣評劇團聘為二人轉演員。可張豔春的目標不僅僅如此，他還要在更大的舞台上展現人生價值，用弘揚祖國傳統文化、光大民間藝術的優異成績去回報社會，回報家鄉父老，回報關心、支持和鼓勵他的人。張豔春抓住機遇，得知「非常 6+1」在黑

▲ 張豔春和女兒張樂在臺上表演

龍江省哈爾濱地區、大慶地區海選演員的消息後，立即在網上報了名。六月十八日，被獲准的張豔春帶女兒到哈爾濱賽區參加了海選。經過一週的比拚，父女倆在兩個賽區的五千四百多名選手中脫穎而出。六月二十五日，當父女倆收到「海選」導演尹紅「準備好東北特點的歌曲去北京學習，參加演出」的消息時，他們激動得連說謝謝！

七月二十五日下午，在北京經過六天培訓的父女倆，在中央電視台六號演播大廳閃耀炫目的燈光下，感受著激情澎湃的音樂，置身於七彩煙霧中，實現了當明星的願望。張豔春和女兒用純正的嗓音、精湛嫻熟的技藝，表演了二人轉小帽《雙歸門》、台灣歌曲《阿爸》

▲ 舞臺上的張豔春

兩個節目，博得了三名評委的充分肯定與熱情觀眾的陣陣喝采，張豔春清唱的西藏民歌《逛新城》，再次打動了現場的評委和觀眾。演出中，主持人李詠真誠接受了梅花鹿之鄉餽贈的禮品，在善意調侃張豔春這位農民兒子的同時，還安排點評專家於文華同張豔春表演了二人轉《小拜年》……「非常 6+1」這個大眾娛樂節目展示給人們一派豐富多彩、朝氣蓬勃和團結向上的景象，給人們創建了一個沒有物質匱乏、沒有身心疲憊和精神寂寞之憂的理想化世界。

「生活就像海洋，只有意志堅強的人，才能到達彼岸。」天賦的好嗓子、從小就痴迷二人轉、放的牛還沒吃飽就能從廣播中學會一段二人轉曲調的張豔春，靠意志和毅力，靠社會搭建的文藝展示平台，抓住機遇，把握了自己的人生。

七月二十七日上午，載譽回鄉的張豔春父女倆受到東豐縣領導的熱情接待。鹿鄉人衷心祝願張豔春在演藝的道路上再創輝煌，實現早日登上中央電視台《鄉村大世界》舞台的另一個夢想。

民間二人轉演員衝刺央視「鄉村大世界」

　　二〇一一年陽春三月，生機盎然。在桃花盛開的日子，中國梅花鹿之鄉東豐縣傳出喜訊：民間藝人四十歲的張豔春和李亞紅搭檔，奪得吉林鄉村電視台二人轉總動員二〇一〇年度民間組總決賽冠軍。喜訊讓東豐人驕傲，又給鹿鄉繪上一筆弘揚祖國傳統文化、光大民間藝術的濃墨重彩。獲獎後，張豔春、李亞紅更是加倍苦練基本功，趕排新節目，準備步入中央電視台《鄉村大世界》舞台，並立下奪取冠軍的雄心壯志，以展示鹿鄉人的風采。

　　張豔春說：「在二人轉舞台上展現人生價值是我的夙願。有機會參賽並當上冠軍，我最感謝的就是縣領導和縣文體局的支持和幫助！」為鼓勵張豔春、李亞紅在吉林鄉村電視台「二人轉總動員」中取得好成績，東豐縣委宣傳部拿出經費給他倆購置了服裝，縣文體局精心策劃，請來國家一級作曲創編節目，找來國家一級演員指導排練。為打好「八進六」的關鍵戰役，縣裡用轎車送他們去市裡錄製節目，堅定了兩人晉級奪冠、為家鄉增光添彩的決心與信念。張豔春、李亞紅在「二人轉總動員」比賽中配合默契，靠「唱、說、伴、舞、絕」的堅實功底，特別是紮實的唱功，打動了評委，贏得了觀眾的喜愛。他倆一路過關斬將，經過六個階段的正戲才藝打拼，又經過四期擂主的守護，終於實現了夢想。李亞紅說，在近一年的比賽中，她和張豔春付出了很多，特別在守擂期間，整天想動作，排練極辛苦。

　　張豔春參賽攻擂「二人轉總動員」別有一番情趣和戲劇性：從小受父親薰陶、現在東豐縣評劇團當學員的十六歲的女兒張樂在電視上

▲ 張豔春和李亞紅為參加「鄉村大世界」正在趕排節目

看到吉視鄉村頻道「二人轉總動員」的節目後，就想去試試。張豔春鼓勵女兒說：「你喜歡二人轉，想提高自己能力，爸爸支持，我陪你去參賽！」經過近千人的海選和緊張的初賽，張豔春父女倆進入了決賽向擂主挑戰。因張樂臨場經驗不足，攻擂失敗，但評委對張豔春的能力都讚不絕口。東北民族民間藝術研究中心客座教授、國家級作曲、碩士研究生導師那炳晨評價說：「張豔春的嗓音寬厚，唱腔乾淨，怎麼都挑不出毛病。」當場，欄目組的編導激勵張豔春：「你找個好搭檔，攻上擂台絕對沒問題。」回到東豐後，動心的張豔春找到了已離開縣評劇團十多年的演員李亞紅，李亞紅猶豫說：「我都那麼多年不唱了，能行嗎？」但張豔春的執著打動了她。於是，搭檔倆選段子，排節目，用《包公斷後》、《皇親夢》等六個劇目做好了充分參賽的準備。當年七月份，兩人用小帽《送情郎》和正戲《包公斷後》，征服了現場的所有評委和觀眾，攻上擂台，成為第十一期「二人轉總動員」擂主，並成功守擂五期。次年二月份，在歷任擂主爭奪年終總冠軍大賽中，這對搭檔唱腔優美，說口流暢，用精湛的演技全力比拚，終於摘下「二人轉總動員」的年度桂冠。那一刻，張豔春的眼睛濕潤了，李亞紅也無比激動。張豔春表示，只要自己能唱，就不會離開舞台，一定不斷努力發揚光大東北民間的二人轉藝術。

張豔春原籍磐石市呼蘭鎮孤山村，有著天賦好嗓子的他，從小就痴迷二人轉，初中沒畢業在家務農時，就經常從廣播聽到的小調學著唱上幾段。村裡的人褒揚說，咱放的牛還沒吃飽，張豔春就學會了一段二人轉。一九八六年冬天，一個民間戲班子在村裡演出的二人轉節目，讓十五歲的張豔春第一次感受到二人轉這門藝術的獨特魅力。為此，他特意向一位唱功了得的老藝人拜師學藝，但因戲班子流動性大，師徒倆沒能盡緣。一九八七年，張豔春聽說省二人轉藝術家協會辦了一個學員班，就興沖沖地趕到長春參加了學習。學員班畢業後，老師推薦如飢似渴地學習二人轉知識且唱功紮實的張豔春到舒蘭文工團當上了學員。一九八八年，張豔春慕名到東豐縣評劇團當演員，將家安在了東豐鎮。一九九六年，張豔春離開劇團，走上了「民間演藝」的自謀路。

▲ 張豔春演出劇照

▲ 張豔春激情演唱《鹿鄉放歌》

張豔春在「二人轉總動員」中展示的才藝，吸引來眾多「粉絲」眼球，他的「追星族」有萬餘人，他每天都能收到幾十條短信和電話的支持，人氣給了他很大動力。張豔春、李亞紅奪冠後，張豔春出生地的孤山村黨支部書記、省人大代表李景發特意打來電話向他表示祝賀，還要參加他們的頒獎晚會。人大代表的鞭策激勵，給了張豔春無窮的力量，他表示一定要走進中央電視台「鄉村大世界」！

吉林鄉村電視台「二人轉總動員」欄目，給了兩位民間藝人展示才藝和風采的機會，凸顯出張豔春對二人轉這門藝術如飢似渴不斷求索的成果。張豔春的成功演出為激勵培養出更多的二人轉優秀演員，讓具有濃郁地方色彩和獨特藝術風格的民間藝術在鹿鄉形成主流，更好地豐富群眾文化生活做出了貢獻。

東豐縣藝術團參加省第六屆藝術節獲多項殊榮

東豐縣藝術團有限責任公司演職員於二〇一三年九月九日在長春關東大戲院，出色地完成了參加吉林省第六屆二人轉、戲劇小品藝術節參賽演出任務，參賽四個劇目，共獲得一等獎五項，二等獎十七項，三等獎三項。

二人轉：《宋江殺惜》獲綜合二等獎；耿長海獲編劇一等獎、編曲二等獎；梁新豔、李偉獲導演二等獎；張豔春獲表演一等獎；李曉華獲表演二等獎。

二人轉：《半夜豬叫》獲綜合二等獎，葛連豐獲編劇二等獎；耿迅、盧兆豐獲編曲二等獎；賈慧敏、秦阿麗獲導演二等獎；沈忠波獲表演二等獎；李亞紅獲表演二等獎。

拉場戲：《買雞送雞》獲綜合三等獎；賈慧敏獲編劇二等獎；盧兆豐、陳紅燁獲編曲二等獎；賈慧敏、史顯麗獲導演二等獎；梁新豔獲表演一等獎；邢飛獲表演三等獎；丁紹輝獲表演三等獎。

▲ 二人轉《宋江殺惜》

▲ 二人轉《半夜豬叫》

▲ 拉場戲《買雞送雞》

▲ 小品《捉賊》

　　小品：《捉賊》獲綜合二等獎；葛連豐獲編劇一等獎；賈慧敏、梁新豔獲導演二等獎；王久興獲表演一等獎；丁紹輝獲表演二等獎；史顯麗獲表演二等獎。

　　這是東豐縣專業劇團相隔十年之後首次參加省級會演，也是歷史上在一屆省級會演中參演劇目最多、獲得獎項最多的一次。

東豐縣召開「文化名人」命名表彰大會

二〇一四年八月二十二日，東豐二中報告廳內洋溢著喜慶的氣氛。東豐縣「文化名人」命名表彰大會在這裡隆重舉行。

本屆「文化名人」命名表彰大會由縣委、縣政府主辦，縣委宣傳部承辦，縣文化廣電新聞出版局、東豐廣播電視台協辦。頒獎盛典上，鮮花錦簇、笑意盈盈。作為東豐縣開展的首屆東豐「文化名人」評選活動，本屆頒獎典禮形式新穎獨特，隆重而熱烈。特約勞動模範代表與東豐名師代表一起為文化名人獲得者開獎。隨著各類別宣傳短片的播出，在開獎嘉賓詼諧幽默的解說中，一個個「文化名人」終於揭開了神祕的面紗，紛紛問鼎名人金榜。

▲ 表彰的「十大農民畫家」

首屆東豐「文化名人」涵蓋文學創作、書畫藝術等諸多領域，共分為六類：即優秀文化服務志願者、十大農民畫家、十大體育明星、書畫十傑、攝影十傑及詩詞十傑。評選活動以基層群眾廣泛參與為基礎，突出了評選活動的群眾廣泛性和典型代表性。自活動開展以來，受到社會各界的積極響應。經過廣泛推薦、公開投票和認真細緻的專家評審，各類「文化名人」終於各有歸屬。

▲ 表彰的「書畫十傑」

▲ 表彰的「攝影十傑」

東豐縣被授予省級「中華詩詞之鄉」稱號

二〇一四年十二月三十一日，詩集《詩情畫意鹿鄉行》首發式暨省級「中華詩詞之鄉」授牌儀式，在東豐二中禮堂隆重舉行，東豐縣被省詩詞學會命名為吉林省「中華詩詞之鄉」。

授牌儀式由東豐縣領導主持。

中華詩詞學會副會長、省詩詞學會領導，《長白山詩詞》主編、常務副主編，《中華詩詞論壇》——關東詩陣版主等領導和詩人，到東豐縣出席了授牌儀式。

省詩詞學會副會長吳文昌宣讀了《吉林省詩詞學會關於授予東豐縣為吉林省「中華詩詞之鄉」稱號的決定》，並向各鄉鎮詩社、縣直機關詩社、駐軍詩社、學校詩社、企業詩社、社區詩社、商場詩社、景區詩社、鄉村詩社、詩詞

▲ 省詩詞學會領導為東豐縣授牌

▲ 授牌儀式現場

文化之家代表贈送了大型詩集《詩情畫意鹿鄉行》。

中華詩詞學會副會長、省詩詞學會副會長、《長白山詩詞》主編張福有在講話中指出，東豐縣是著名的「中國梅花鹿之鄉」「中國農民畫之鄉」，吉林省「中華詩詞之鄉」，即將成為全國「中華詩詞之鄉」。二〇一三年初，東豐縣委、縣政府下發了《創建「中華詩詞之鄉」的實施意見》，走在了全省的前面，為全省的詩詞文化建設做出了表率。東豐詩詞將像東豐梅花鹿、東豐農民畫一樣，成為東豐著名的文化品牌。東豐詩詞這一文化品牌，一旦滲透到農民畫和各項產業中，將會形成更大的文化效應和經濟效應。東豐縣獲得省級「中華詩詞之鄉」稱號，僅是這項創建工作的階段性成果。希望東豐在此基礎上，再接再厲，堅持不懈，在二〇一五年實現創建 全國「中華詩詞之鄉」的願望。

東豐縣領導在講話中強調，東豐縣成功被省詩詞學會命名為吉林省「中華詩詞之鄉」， 並出版發行了《詩情畫意鹿鄉行》大型主題詩集，是東豐縣詩詞

文化發展史上的一個重要里程碑，是向全國「中華詩詞之鄉」目標邁進的一個新起點。縣委、縣政府提出的「培根、育德、養成、提升」的大文化戰略，深入實施「創四城、建五鄉」工作，目的就是通過文化影響人、塑造人、提升人，從而提高東豐的美譽度，提升全縣人民的幸福感。希望全縣廣大幹部群眾要樹立奮進爭先的意識，牢牢把握被評為吉林省「中華詩詞之鄉」的有利契機，切實做到在認識上昇華，在方法上創新，在政策上傾斜，在效果上求實，努力使東豐的詩詞文化發展上檔次，上水平，上台階，全力推進東豐經濟社會與文化同繁榮，共發展，為建設人民更加滿意的「美麗、富裕、幸福、快樂」的新東豐做出更大貢獻。

▼ 環城河景觀帶夜景

東豐縣確定縣花、縣樹、縣歌和「東豐精神」

二○一二年十一月十九日，中共東豐縣委召開了十四屆二次全體（擴大）會議，會議通過的決議中確定了東豐縣的縣花、縣樹、縣歌。縣花為大麗菊（又稱大麗花、地瓜花），縣樹為柞樹（又稱櫟樹、橡樹），縣歌為《鹿鄉美》。全會還確定了「三創」「三快」東豐精神。

縣花大麗菊　大麗菊有美好的形象與性格：（花語）樸實端莊，瑰麗多姿，豔而不妖，傲而不嬌；象徵大美富麗，大吉大利；大麗菊對氣候與土壤適應性強，花色多（花色有紅、橙、黃、紫、粉、白等多種），品種有高棵和矮棵兩種，花朵大，花期長；正是因為它的美好形象和特性，成為東豐縣歷史上民間最喜歡最廣泛種植的花卉；大麗菊體現了東豐人的性格。和大麗菊一樣，東豐人對這方水土很適應，他們基本上都是在清朝末期由山東、河南、河北等地闖關東過來的移民，自從落腳這塊土地，很快就適應了這裡的自然環境，在這裡立家創業，繁衍生息。東豐人像大麗菊一樣，「樸實端莊」，「純樸厚道」；像大麗菊一樣，「瑰麗多姿」，充滿理想和希望；東豐人像大麗菊一樣，「豔而

▲ 大麗花

▲ 蝶戀花

不妖」，不僅追求外在美，更具有純樸真誠熱情執著的內涵；東豐人像大麗菊一樣，「傲而不嬌」，有自強不息、追求卓越、爭先奪勝的精神，也具有謙虛好學、多思自律的品格。

因為大麗菊生存適應性強，是美化東豐城鄉環境的最好選擇。

縣樹柞樹 柞樹的學名叫櫟樹，更確切地說叫「栲櫟樹」，民間的栲櫟葉餅的名稱就源於此。老百姓把沒有長成材的矮棵柞樹叫「栲櫟哄子」。

柞樹是東豐的根，東豐的母親樹。清朝同治以前，東豐沒有開發，這裡一片荒野森林，柞樹是這裡的主要樹種，後來由於人為的原因柞樹少了，人工林（松樹）多了。正是因為東豐是丘陵地帶，便於梅花鹿棲身和逃避虎狼捕食，也正是因為柞樹葉是梅花鹿的最好食物，這裡漫山漫野都是柞樹，為梅花鹿提供了充足的食物來源，所以從前東豐地界梅花鹿多而且品種優良；正因為如

▲ 秫秸垛頂子山百年柞樹林

▲ 機關幹部同唱縣歌　　　　　　　　　▲ 西城社區群眾齊唱縣歌

此，才吸引了闖關東的人在這裡落腳，以鹿謀生。於是，便有了「人工養鹿開
先河」，便有了養鹿官山，七品、六品鹿 官，東豐才有了值得宣傳的「皇家鹿
苑」「梅花鹿之鄉」。此外，柞蠶靠吃柞樹葉子繁衍吐絲作繭，便有了柔軟美
麗的絲綢；柞樹的果實橡子雖然又澀又硬，不易消化，但是在飢餓的年代，也
是人們賴以充飢的難得選擇。所以說柞樹是東豐的先民生息的依賴，是東豐發
展之源，是東豐的根，是母親樹。

　　柞樹體現了東豐人的性格。用京劇《沙家濱》裡的一句形容松樹的唱詞
「枝如鐵，桿如銅，蓬勃旺盛，倔強崢嶸」來形容柞樹最為恰當。柞樹木質堅
硬，枝桿寧折不彎。李曉豐《柞樹》的一句歌詞說得好「你雖然無緣大廈，你

▲ 東豐縣實驗中學給學生講解東豐精神、縣樹、縣花、縣歌含義

的身軀卻擎起茅屋的脊梁」。闖關東的移民們，落腳東豐伊始，生存環境十分惡劣，住地窖，吃野菜，刀耕火種，卻不離不棄，就像柞樹那樣熱戀這片土地，開發創業，生生不息，堅韌不拔，鐵骨錚錚。像柞樹無私地用葉子養了鹿養了蠶一樣，用心血和力量為家人，更為社會創造積累財富。即便是霜雪來襲，葉子枯死，它也把火熱的紅色留在人間。

縣歌《鹿鄉美》　作詞：劉波　李曉豐　作曲：耿長海

曲調遵循：流暢明快上口，激揚向上，有時代感，有歌頌性，有感召力，有激發力，有大眾性的創作原則。

歌詞遵循：精短，既高度概括，又寫到實處，但又不過於具象，面面俱到；既體現東豐地域特色，又展示東豐人的精神風貌；既有歌頌讚美祝福東豐之詞，又有激勵人們奮發向上之句；不寫當下時務，不涉人物事蹟，能夠久唱不衰；詞風，既不是大白話，也不造作晦澀、拗口難懂；既熱情奔放，又富有一定的詩情畫意。

▲ 《鹿鄉美》電視專題片片頭

《鹿鄉美》

鹿鄉的山喲，鹿鄉的水，

走遍了東西南北數咱鹿鄉美。

田野唱豐年，林海沐春暉，

梅花鹿在柞樹林中成雙對。

皇家鹿苑吉祥地，

喜看東豐綻春蕾。

鹿鄉的山喲，鹿鄉的水，

唱起了鹿鄉歌謠我心更陶醉。

城鄉傳彩信，神鹿正騰飛，

大麗花開眾香國裡顯富貴。

農民畫鄉幸福地，

喜逢盛世舉金盃。

啦啦啦……

鹿鄉兒女多豪邁，

建功立業樹豐碑。

「東豐精神」「三創」「三快」，即：創新、創業、創先；快速、快富、快樂。「三創」「三快」東豐精神熔煉得準確精闢，是全縣人民精神風貌的集中凝練，也是今後鼓舞和引導全縣人民與時俱進、開拓創新的方針和動力。

▲ 東豐精神（東豐農民畫）姜海傑

▲ 東豐縣城西城區一角

東豐縣形象徽章徵集設計及發行

二〇〇九年二月二十六日，東豐縣形象徽章設計徵集活動組委會在中國徵集網和東豐政府公眾信息網發布關於徵集東豐縣形象徽章設計圖案的公告，公告對徵集內容、作品要求、參與方式、時間、活動安排、獎勵辦法等都做了詳細規定。

東豐縣徵集形象徽章設計圖案公告發出後，得到全國各地多方響應，組委會共收到應徵作品一百〇三件。組委會經過嚴格的初評、組織群眾評選、廣泛徵求各方面意見，最後由專家組評審確定：一等獎一名，二等獎二名，入圍獎五名。東豐縣形象徽章設計徵集活動組委會按照徵集公告承諾，給予獲獎者相應的現金獎勵。最後確定的吉林省東豐縣形象徽章標識，在吉林省版權局登記註冊，並於當年底發行。

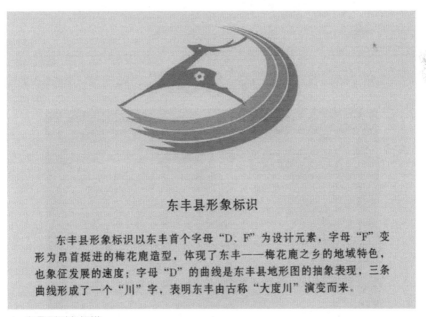

东丰县形象标识

东丰县形象标识以东丰首个字母 "D、F" 为设计元素，字母 "F" 变形为昂首挺进的梅花鹿造型，体现了东丰——梅花鹿之乡的地域特色，也象征发展的速度；字母 "D" 的曲线是东丰县地形图的抽象表现，三条曲线形成了一个 "川" 字，表明东丰由古称 "大度川" 演变而来。

▲ 東豐縣形象標識

東豐縣形象標識以東豐首個字母「D、F」為設計主元素。形式上採用「圖文一體」的設計手法：凸顯東豐鹿鄉歷史文化、地域特色及時代氣息；富有深刻的精神內涵，具有鮮明的設計創意和表現形式，呈現奪人的視覺原創效果。字母「F」變形為昂首躍進的梅花鹿造型，代表東豐縣的地域特色——中國梅花鹿之鄉深厚的文化底蘊，地域特色鮮明，同時也像徵東豐縣經濟社會迅速發展，寓意東豐人勇於開拓、昂首向前、意氣風發、創新發展的精神面貌；字母「D」的曲線是東豐縣的地形圖抽象表現，三條曲線形成一個「川」字，寓意東豐縣由古稱「大肚川」演變而來，同時也代表一條路，象徵東豐縣的悠久歷史，道路由遠及近越走越寬，寓意東豐縣前景廣闊美好，書法飛白筆觸效果，體現了東豐縣豪放與熱情。字母「F」嵌含在字母「D」之中，形成一個完美的組合體。

東豐縣形象標識設計梅花鹿的主體色為紅色，代表熱情、健康、繁榮，象徵東豐縣在未來將會獲得更廣闊的空間，取得更輝煌的成績；字母「D」的主體色是綠色，由淺綠變成深綠，體現東豐縣西高東低的地勢，同時也代表東豐建設農業生態縣、走可持續發展之路的美好前景。

製作的徽章規格：徽章材質為銅鍍金鏤空浮雕，橫長為：一千九百〇二釐米，代表東豐建縣時間為一九〇二年，在「D」字母背面印「吉林·東豐——中國梅花鹿之鄉」字樣。

第三章

文化名人

　　東豐縣山清水秀，人傑地靈。悠久的歷史，燦爛的文化，讓鹿鄉文化名人輩出。有享譽海內外的農民畫家，有名揚亞洲的書法家，有國內聞名的年畫大師，有多次在國內外舉辦個人展覽的民間剪紙藝術家，有背著一塊畫板闖九州的國畫家、油畫家，有多次在國內外漫畫大賽中獲得殊榮的漫畫家，還有在東南亞地區知名的微雕藝術家，這些文化名人，為弘揚鹿鄉文化，辛勤耕耘，默默奉獻，成為鹿鄉人的驕傲。

鹿鄉書法泰斗——賈恩國

　　賈恩國（1920 年-1998 年）晚號重陽老人。東豐縣人。曾任東豐縣書法家協會副主席。一九四一年到一九八二年，歷任小學、初中、高中、師範學校教師，從教近四十年，為東豐縣資深語文教師，著名書法家。家學淵源，幼承家訓，書學張裕釗，論宗包世臣，作品行楷相間，揉以魏碑，蒼勁有力，別具風格。二十世紀五〇年代初期，東豐學書法者多學此體。在一定時期，形成一種「東豐書法風味」，人稱「賈體」。東豐鎮內牌匾多出其手，作品在吉林省及原四平地區有一定影響。二十世紀六〇年代，賈恩國有作品入選省展。離休後，被聘為《東豐縣志》編輯。善寫詩詞，喜賦楹聯，有《重陽集》行世。

　　賈恩國弟子超千人，知名的有國內著名書法家徐仁智、王秉典、周傳波等。

　　目前，他的作品已經很難見到，有收藏者出價三十萬元欲購買、收藏其作品，仍然收不到。

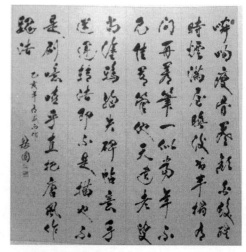

▲ 賈恩國書法作品

中國傑出人民藝術家——徐仁智

徐仁智（1926 年-2007 年）名仁志，字書華，號墨儒。遼寧省新金縣人，祖籍山東文登。父徐維秀，字紹堂，生計窘迫，遂遷遼寧新金，後遷至東豐。退休前任東豐縣楊木林公社財政助理，後居縣城，為晉寶齋主。

自幼酷愛書法，潛心學習，初學柳、趙，繼功魏碑，續臨鄭板橋、潘齡皋，臨池不輟七十年，真、行、草、隸，無所不功，尤以行書見長。在全國、國際書法大賽中，多次榮獲特別金獎、金獎、銀獎和等級獎，作品勒石於「黃河」「山谷」「元極」「國際」「觀音閣」五大碑林。其作品被收錄於《中國百名硬筆書法作品選》《硬筆書法字帖》《中國現代書法界名人辭典》《全國百幅優秀作品集》《中國美術書法界名人名作博覽》《世界當代書法畫家作品集》《世界當代著名書畫家真跡博覽大典》《中華當代藝術作品展獲獎作品集》等三十餘部辭書典籍。歷經三年，書寫千米長卷。榮獲「中國當代藝術家名人」證書和「中國國際書畫百傑名家大師」稱號。「國際 ISQ9000A 書畫藝術家資格認證中心」譽稱「著名書法家」，榮聘為副主席；文化部文化藝術中心授予「中國傑出人民藝術家」稱號；被聘任為（國際）中國書法家協會副主席；榮膺「北京奧林匹克書畫院」榮譽院長。其作品流傳東南亞、美國、加拿大等國

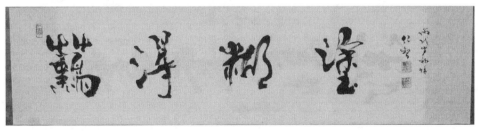

▲ 徐仁智書法作品

家。徐仁智藝術創作不泥古法，開拓新境，古樸雋永，意蘊悠長，深受大眾及友人青睞。其藝術品位高深，文化底蘊深厚，堪稱東豐書界泰斗，為書法藝術做出了突出貢獻。二〇〇〇年，徐仁智被東豐縣委、縣政府授予「東豐縣文學藝術菁英」稱號。

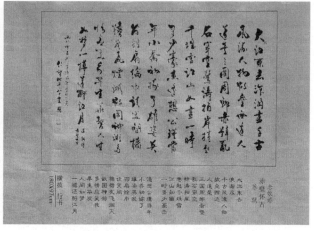

▲ 徐仁智書法作品

▲ 徐仁智書法作品

評劇名角──楊雲

楊雲（1926 年-1983 年）原名楊志岐，吉林省榆樹市三岔河鄉人。吉林省戲劇家協會會員，東豐評劇團演員。一九四二年起，楊雲在哈爾濱市先從師於金鳳樓，學評劇小生，繼從師於東北著名丑角李少舫，學京劇小花臉，演出文明戲（即滑稽戲）。一九四四年其出師後，在長春新民劇院唱戲；一九四五年日本投降後，在勝利劇場唱戲；一九四七年後，先後到吉林、磐石、樺甸、蛟河、西豐、開原、鐵嶺、瀋陽、撫順等地流動演出；一九五七年，到東豐評劇團；一九六五年，在「文藝整風」中，被開除公職，送農村「改造」；一九七八年，落實黨的知識分子政策復職，回到東豐縣評劇團任演員。楊雲自幼由名師傳授，又有演滑稽戲基礎，吸取京劇丑角及相聲表演藝術技巧，打破過去評劇丑角只能演配角的局面，以小花臉這一行當，主演過幾十齣戲，擅長腰包小花臉（亦是優秀袍帶小花臉）。其主演的京劇劇目有《群英會》《大名府》《喜喜喜》《苦中義》《葛麻》等；評劇劇目有《打狗勸夫》《杜十娘》《請東家》《小二黑結婚》《劉巧兒》《小女婿》《唐知縣審誥命》《六月雪》等。楊雲唱、做、念俱佳，尤以念功為上，大段念白、數板，不折不斷，一氣呵成，快而不亂，字字分明。為苦練嘴皮功夫，他用快板形式自編飯家用的《報菜名》、店家用的《報地名》，演唱起來，清脆利落，妙趣橫生。表演中，他注意刻畫人物形象，如《小女婿》中的楊發、《劉巧兒》中的劉彥貴、《審誥命》中的唐成等人物，都能根據人物的身分、思想感情設計唱腔和表演。在《審誥命》中，扮演唐成，一反丑角丑扮舊套，而是丑角俊扮，在幽默詼諧中，表現出唐成剛正不阿、不畏強暴、智鬥誥命、機智斷案、為國為民的可愛清官形象。在評劇界，是個藝術造詣較深的丑角演員。在瀋陽、遼北、遼東一帶觀眾中，楊雲有較大影響，更為東豐城鄉觀眾所熟知和歡迎。

雙手梅花篆字威震關東舞台 —— 九雲童

　　九雲童（藝名）（1926 年-1977 年）原名姜松岩，曾用名姜樹本，生於瀋陽市小手工業主家庭，六歲流浪到天津，後經朋友楊樹奎介紹，入天津市京劇團武場打雜。由於愛好戲曲藝術，天資聰慧，他常在後台「偷藝」，博得劇團教師爺賞識，破格收為徒，賜藝名「九雲童」。學徒期間，九雲童主攻京劇老生兼銅錘花臉，刻苦鑽研藝術，逐步創造出獨特的藝術風格：唱功音純質厚，韻味十足，委婉動聽；扮相風流倜儻，瀟灑飄逸。在演《劉伶醉酒》時，他把京劇老生唱法與評劇小生唱法有機糅和在一起，改原評劇小生一貫唱法，使唱腔更加圓潤、陽剛，充滿青春活力；在演《人面桃花》時，雙手寫梅花篆字，一氣呵成，展現出深厚藝術功力。一九五七年，九雲童從大石橋轉入東豐縣評劇團為小生演員；一九五八年，擔任東豐縣評劇團業務副團長。在他的帶領下，東豐縣評劇團大膽改革劇目，在音樂、唱腔和舞美方面進行創新，形成以傳統戲為主，現代戲跟進的藝術格局，使東豐縣評劇團一舉走紅東北三省。特別是在瀋陽，只要有九雲童的戲，場場爆滿。九雲童演出的代表劇目有：《劉伶醉酒》《人面桃花》《唐伯虎點秋香》《賣油郎獨占花魁》《楊乃武與小白菜》《孔雀東南飛》《紅樓夢》《秦香蓮》《平原槍聲》《黃英姑》等。

▌名師出高徒——秋虹雲

秋虹雲（1928年-2003年）原名鄒素雲，女，遼寧省瀋陽縣林盛鄉四方台村人。一九四六年春，入劇團當演員；一九五一年，在天津從師於國內著名的評劇演員王振樓，是王振樓最得意的門生；自一九五二年隨夫姜松岩（九雲童）在天津市、鞍山市、遼陽市、營口市評劇團任演員；自一九五七年七月，在東豐縣評劇團任演員。三十多年演藝生涯中，她以扮相逼真、吐字清晰、能趕板奪字、快慢有致而深受廣大觀眾喜愛。演出主要劇目有：評劇《秦香蓮》《楊乃武與小白菜》《紅樓夢》《鳳還巢》《人面桃花》《平原槍聲》《金沙河畔》《紅岩》《野火春風鬥古城》《南海長城》《杜鵑山》等，深受東北地區觀眾喜愛，有很高的知名度。

▲ 秋虹雲（右一）演出評劇《秦香蓮》劇照

東北老怪——王秉正

　　王秉正（1935 年-2012 年），滿族，東豐縣人，吉林省長白微雕藝術家協會理事。自幼受其父王子誠影響，酷愛筆墨丹青。王秉正六十餘載微雕藝術實踐，博采眾長，逐漸形成獨特風格的雙手倒像技法，並能在微雕作品上著色；能在米粒般大小的象牙、銀片上雕刻出山水花鳥；能在細如毛髮的銅絲上，揮灑行草隸篆、唐詩宋詞、名人名句；在一件不到三粒米大的象牙上，刻一封慰問信及歌詞《十五的月亮》，共計二百五十三個字，贈給老山前線戰士。中央電視台、《新中國成立軍報》、吉林電視台均有專訪。香港回歸前夕，王秉正在一分硬幣國徽圖案空白處僅三毫米方寸之間，刻下數百字撒切爾夫人歡迎詞；在米粒般大的象牙上，雕刻英國女王伊麗莎白二世少女肖像和英國首相撒切爾夫人肖像。韓國友人朴文沬專程赴東豐尋師討教，為其所在蔚山市慶州園

林題詞《山河風流亭》，並作序勒石。日本九州電視台記者專訪，並邀請訪日，一展才藝。曾參加「吉林關東熱鬧節」「河南鄭州絕技藝博會」「山西太原藝博會」「一九八四年秋季廣交會」等全國性才藝展示，被專家同行譽為「東北老怪」「關東奇人」。二〇〇五年，被吉林省文化廳授予「民間（微雕）藝術家」稱號。

　　無門報國成鄉囚　　藝筆封銷去牽牛
　　酷暑鋤禾膿骨疾　　嚴冬奔索衣食愁
　　坎坷夢想逞浪漫　　憂患雕藝慶豐收
　　可嘆天國召太急　　痛失再飲相逢酒
　　　　　　　　——老樹懷念亡友王秉正先生賦詩以為悼念
　　　　　　　　　　壬辰年金秋於故鄉東豐
　　　　　　　　　　二〇一二年九月

年畫大師——楊樹有

▲ 園林風光　楊樹有

楊樹有（1938 年-2008 年）筆名萬殊，山東省蒙陰縣人，工藝美術師，吉林省美術家協會會員。先後任縣新華書店店員、縣印刷廠設計室主任。擅長擦筆年畫、包裝裝潢設計。一九六三年起，先後在吉林、遼寧、黑龍江美術出版社和人民美術出版社、上海人民美術出版社、西泠印社共出版年畫八十多幅，在國內同行裡被稱為領軍人物，其中，四條屏三十多幅。楊樹有一生主要作品有《鳥語金秋》《助人為樂》《茶香四季》《幸福美滿》《知識就是力量》《工地霞光》《勤勞有餘幸福來》等，多次在國家、省、市美展中參展並獲獎。

▲ 保護青蛙　楊樹有

▲ 西廂記　楊樹有

書畫雙傑——王秉典

　　王秉典（1939年-）滿族，東豐縣人。全國老年書畫研究會會員，吉林省書法家協會會員，省戲劇家協會會員，省舞台美術學會會員，省圖書館學會會員，省老幹部書畫協會會員，遼源市書法家協會理事，遼源市美協會員，東豐縣美協會員、書協會員。從六七歲開始，其跟父親王子誠學習大字，並開始描紅、寫大楷。高中時，有山水畫參加遼源市美展，獲佳作獎。先後為二百餘出大、小劇目搞舞美設計；學習書法及中國山水畫，先後臨習顏、歐楷書、王羲之《蘭亭序》、文徵明行草書、王鐸草書詩卷等，研習孫過庭書譜，少年時代便在省少兒工藝作品展中獲二、三等獎。自一九五七年，相繼有多幅國畫、山水畫、篆書、行草作品在省、市（地）、縣書畫展賽中獲一、二、三等獎和銅獎，並在《吉林畫報》等報刊上發表。文章《師法傳統，獨創新意——讀楊樹有年畫》，在《吉林日報》上發表。

▲ 霜葉　王秉典

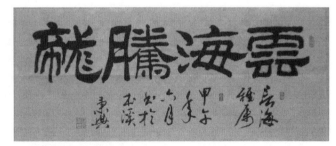

▲ 王秉典書法作品

無悔人生 —— 李惠讓

李惠讓（1939 年-1994 年），滿族，東豐縣人。原任《紅旗》出版社社長、編審，享受國務院特殊津貼。一九六五年，李惠讓到中共中央政治理論刊物《紅旗》雜誌做編輯工作，「文革」中受到衝擊。一九七七年五月至一九七八年二月，被下放到東豐縣糧庫改造鍛鍊。在東豐糧庫期間，由於文筆出眾，受到黨組織和同志們稱讚。一九七八年三月，李惠讓調到吉林省社會科學院主辦的《社會科學戰線》雜誌編輯部，任哲學編輯室主任。他先後撰寫了《哲學淺談》《倫理一百題》等專著，發表論文數十篇，逾百萬字。他還參加撰寫並擔任副主編《大學生修養》一書，獲吉林省優秀科研成果獎。一九八四年，他被評為吉林省社會科學院先進工作者。一九八五年，李惠讓調任中國政法大學校黨委辦公室任副主任，並任中國政法大學出版社副總編輯。一九九〇年，李惠讓調到《求是》雜誌社工作。李惠讓先後任紅旗出版社綜合組組長、副社長、社長等職。

▲ 李惠讓在《紅旗》《求是》雜誌社工作時出版的刊物

東北戲劇一代名角 —— 袁鳴鳳

　　袁鳴鳳（1939 年-2009 年）女，河北省昌黎縣人。一九五九年，當選為東豐縣人民代表。一九六〇年，為全省文教群英會特邀代表。一九八八年退休。一九四六年，在東豐縣評劇團學戲，一九五一年去瀋陽市拜師於徐豔玉。一九五二年三月，隨姐姐袁鳴芝到撫順劇團學戲。一九五三年五月，到東豐縣評劇團為青衣、刀馬花旦演員。一九五四年起，為主演。袁鳴鳳勤勉好學，基本功紮實，唱腔清潤甜美，吐字清晰，扮戲俊秀，塑造眾多栩栩如生藝術形象，紅極撫順、瀋陽、鞍山等地，是東豐戲劇界、戲劇史一代代表性名角，給東豐人民留下了美好記憶。其主演的劇目有：《馬寡婦開店》《梁山伯與祝英台》《紅樓夢》《白蛇傳》《楊八姐盜刀》《穆桂英掛帥》《紅娘》《玉堂春》《唐伯虎點秋香》《遍地紅》《劉胡蘭》《金沙江畔》《於無聲處》等。

▲ 袁鳴鳳在評劇《穆桂英掛帥》中飾演穆桂英劇照

千詩萬聯留後人 —— 孫慶華

▲ 孫慶華

孫慶華（1940 年-2011 年）名吟卿，字詩痴，號松江釣叟，東豐縣橫道河鎮三好村人。吉林省楹聯家協會會員，長白山詩社社員。二〇〇四年至二〇〇五年，詩作《望海潮》《嶗山賦》在國際華文組織的「首屆國際華夏文化大獎賽」中，雙獲特等獎，載入《首屆國際華夏文化大獎賽優秀作品大典》；《若得麥苗三寸雪，明秋定有九成金》等聯，獲吉林省首屆「迎新春」楹聯大賽三等獎；《七律·日寇侵華》《水調歌頭·抗日烽火鑄國魂》獲文化部人才藝術中心主辦的「紀念中國人民抗日戰爭勝利六十週年」徵文三等獎，載入《中華當代藝術家作品展獲獎作品集》；十首詩詞獲第二屆中華詩詞大賽「中華詩詞菁英獎」，載入《天籟之音》一書；著有《吟卿詩集》，由中國文聯出版社出版發行。

「中華版冊，小邑猶將几案，史鑑篇翻，頻添豪氣千般。」這幾句洋洋灑灑的詩句是孫慶華創作的《東豐賦》中的句子。從五歲就開始自學寫詩的孫慶華，六十多年來一邊辛勤勞作，一邊堅持寫作，累計創作詩歌一千二百餘首，對聯一萬餘

▲ 孫慶華詩稿《敦煌賦》，獲 2011 年全國「敦煌賦大賽」優秀獎。

副。筆耕不輟，為詩而狂，他幾乎每天都孜孜不倦地坐在寫字檯前創作。孫慶華有著坎坷的童年，四歲喪父。父親曾是詩歌館的館主，留下了幾本詩書，就是這幾本書讓他與詩歌有了不解之緣。母親改嫁後，孫慶華寄住在伯父家。白天放豬，晚上在昏暗的煤油燈下看書，上山砍柴賣錢租書看是他的一大樂趣。孫慶華特別喜愛古體詩詞，中國四千兩百部關於古體詩詞的書籍，他看了近四分之一。八歲起，他就開始自己創作詩歌，六十多年來從未間斷，詩、詞、歌、賦、聯、曲、記、序、文，樣樣通曉。詩歌的內容包括時代讚

▲ 孫慶華作品《七律‧日寇侵華》、《水調歌頭‧抗日烽火鑄國魂》獲文化部人才藝術中心主辦的「紀念中國人民抗日戰爭勝利六十周年」徵文三等獎獎盃

▲ 孫慶華獲得「2008‧中華詩詞年會」金爵獎

歌、生活浪花和世象寫真等多個方面。他的詩，節奏鮮明，音韻優美，典雅又不乏俚俗之美，令人玩味再三。

每當有了創作靈感，他通宵達旦，廢寢忘食。為了寫出好句子，他翻閱詞典，請教「高人」，反覆修改，再拿給周圍的朋友一起「檢閱」。每當寫出一首好詩，他都興奮得睡不著覺。他先後在國家、省、市級報刊發表詩、詞、歌、賦等文學作品多篇，曾獲「首屆國際華夏文化大賽」特等獎、「二〇〇八‧中華詩詞年會」金爵獎等榮譽，被授予「文壇才子」、「世紀文魁」、「卓越詩詞藝術家」、「中國百傑詩詞藝術家」、「中國傑出人民藝術家」等稱號，

被吸收為中國中華文學學會會員，吉林省楹聯家協會會員等。

　　晚年的孫老每天除了讀書看報、寫詩、寫對聯，還要給全國各地的年輕詩友修改詩歌。老人說：「人，要活出個精神，活到老學到老，儘力為社會做一點兒貢獻。」

▲ 孫慶華部分獲獎證書和獎牌

不為名利留丹青──呂士榮

　　呂士榮（1942 年-）曾用名呂世榮，東豐縣大興鎮人。全國美協會員，吉林省美協國畫藝委會副主任，現任吉林藝術學院碩士研究生導師。一九五八年到大興公社文化館工作，一九六五年於吉林藝術學院畢業留校任教至今。有《西園雅集圖》《幼林即景》《橘頌》等多件作品在日本、加拿大、新加坡、美國等國家及國內參展並獲大獎；曾在新加坡開辦個人畫展；先後在新加坡、韓國的學院講授中國人物畫課；出訪歐洲多國。《人民日報》《光明日報》《國際日報》《海峽時報》《聯合早報》等報刊均有專訪報導及作品發表。獲吉林藝術學院建院六十週年「藝術教育成就獎」；出版著述有：《呂士榮寫意人物畫》《呂士榮繪畫古詩詞》《2008 年度十大影響力畫家個案系列──呂士榮卷》。

▲ 三顧茅廬　呂士榮

半生心血鑄楹聯──劉玉文

　　劉玉文（1943 年-）網名寒江柳、愚人，號猴石山人。東豐縣猴石鎮人。華夏詩聯書畫藝術研究院研究員，中華詩詞學會會員，中國楹聯學會會員，中國詩賦學會會員，中國詩詞研究中心暨中國詩詞研究會會員，吉林省詩詞學會會員，吉林省楹聯家協會會員，《吉林楹聯》編輯，縣書法家協會會員。近年來，劉玉文在網上發表詩詞四百多首，楹聯八百多副，其中，三首詩詞、四副楹聯獲「祖國頌專題展藏徵文」優秀作品獎，被「中華當代文學藝術作品展藏館」收藏。他先後在《世界漢詩年鑑》《中華詩詞》《現代作家》《人民日報》《中國楹聯報》等二十餘家報刊發表詩詞近二百首，楹聯三百餘副；七言絕句《農民畫館》《清平樂·牧鵝》及二十副楹聯作品獲國家、省級詩聯書畫大賽金獎及其他大獎；著有《詩夢集》《葉落歸根》（合作）等。他創作的四個小品，由縣劇團排演。近年來，有多件幽默笑話作品在《幽默驚奇故事》等報刊發表。

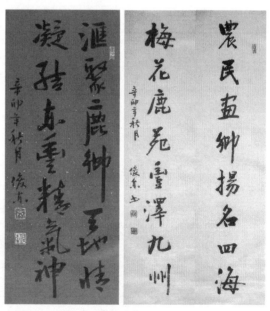

▲ 劉玉文楹聯（暴俊東書）

詩書人生——高永石

高永石（1947 年-）藝名高石，東豐縣南屯基鎮人。吉林省詩詞學會會員、遼源市作家協會會員。熱愛書法和歌詞創作。書法作品曾獲「全國教師書畫精品展」特別獎、「全國青少年書畫展」優秀輔導獎；近年來，在紀念中國電影百年、紀念毛澤東等老一輩革命家、迎「奧運」、紀念辛亥革命一百週年等多次全國性書畫展賽中獲特別金獎、金獎、特等獎等二十餘項；編印有《高永石國禮藝術》書法作品集。二〇〇〇年，在「世紀之春」全國民歌演創大賽中，一首歌詞獲「十大金曲獎」，三首歌詞獲精品獎，均入編歌曲集。

▲ 高永石書法作品

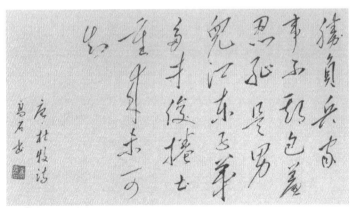

▲ 高永石書法作品

翰墨夕陽紅 —— 潘傑

潘傑（1947年-）字雲松，號澹寧齋主。東豐縣沙河鎮人。吉林省詩詞學會會員，遼源市書法家協會會員，遼源市作家協會會員，東豐縣詩詞楹聯學會暨畫鄉詩社會員，縣書協、老年書畫研究會會員。其詩詞、書法作品曾入編《全國老幹部詩詞書畫作品大觀》，曾獲中國書畫收藏研究院《當代書畫收藏精品薦覽》特別金獎，並被聘為研究院理事、研究員。書法、詩詞作品曾獲全國二十多次特別金獎、金獎，作品多次被收入《情繫夕陽》《魅力夕陽》《翰墨夕陽》老年作品集，並由鹿鳴書院出版《澹寧齋行楷詩詞》《澹寧齋百聯墨跡》兩本詩聯集。

多年來，他研習書法，帖臨二王、趙孟、董其昌等，筆耕不輟。多次在《吉林日報》《關東週末》發表書法作品。二〇〇〇年，潘傑曾在《人民畫報》創刊五十週年專版上，發表以讀者身分祝賀創刊五十週年書法作品「壽」；同年榮獲「九成宮醴泉銘杯」全國書畫大賽三等獎，「愛我中華」海峽兩岸書畫邀請賽優秀獎，書法作品直接入編大型資料圖庫《全國老幹部詩詞書畫作品大觀》一書。二〇〇五年，獲「夕陽之歌」全國老年書畫大賽優秀獎；「華夏龍杯」全國書畫篆刻大賽銀獎。二〇〇六年，獲「毛澤東逝世三十週年暨毛澤東詩詞全國書畫大賽」銀獎；同年八月，一幅作品獲中國書畫收藏研究院《當代書畫收藏精品薦覽》特別金獎，兩幅作品獲兩次金獎，作品

▲ 潘傑在個人書法展上

被收入《當代書畫收藏精品薦覽》《國珍檔案》《中國精神》三部系列收為典藏。

二〇〇七年，在「紀念毛澤東發動秋收起義八十週年全國書畫大賽」上獲金獎；在「紅色之旅‧全國老將軍老書畫家書畫作品暨井岡山全國邀請賽」上獲金獎。

▲ 潘傑書法作品

二〇〇八年，在《驕傲中國‧書畫家作品典籍》徵稿活動中獲金獎；在「二〇〇八點燃激情‧傳遞奧運夢想」全國大型老年書畫藝術收藏拍賣活動中獲金獎。

二〇〇九年，在「祖國萬歲‧翰墨慶華誕」新中國六十華誕全國老年書畫北京邀請展（賽）中獲金獎；「蓮花杯」慶澳門回歸十週年全國書畫邀請展獲一等獎，並在這一年參加了中國民族藝術家協會。

二〇一〇年，入編北京寶延軒書畫院「翰墨丹青迎世博」全國老年書畫藝術博覽（世博典藏版）一書，並擔任特邀榮譽顧問。作品被確定為禮品，贈送外賓收藏；被寶延軒書畫院推薦為全國老年書畫團體慶祝祖國六十華誕代表團成員；書畫作品被收入《情繫夕陽》《魅力夕陽》《翰墨夕陽》三部全國老年書畫優秀作品典藏中。

二〇一二年，在「春天的故事」紀念鄧小平南行講話二十週年暨鄧小平逝世十五週年「全國中老年書畫名家作品大賽」中獲金獎；在「歌頌偉大領袖毛主席、紀念毛澤東同志領導秋收起義、井岡山革命根據地創建八十五週年全國書畫大賽」獲金獎，作品被收錄《東方紅‧中國書畫名家作品的典藏》一書。同年十月，參加在北京神州博藝美術院獨家策劃並舉辦的「中國壽文化‧全國書法美術作品展」，被授予「壽文化書法百佳」優秀獎。

讓鹿鄉故事更精彩——吳強稼

吳強稼（1948 年-）東豐縣人。中國民間文藝家協會會員，吉林省作家協會會員，東豐縣作家協會副主席。

吳強稼從一九八〇年開始文學創作。三十多年來，筆耕不輟，在全國各地報刊發表中長篇小說、紀實文學作品二十七部。其中，有影響的作品有：《皇家鹿苑演義》《解方將軍傳奇》《解方將軍和張學良》《鹿鄉魂》《鹿鄉的日本女人》。同時，他的作品在市、縣政協出版的有：《解方將軍》《神州鹿苑》《東豐縣新中國成立戰爭革命史話》《中國梅花鹿的故鄉》，共四部。《皇家鹿苑演義》一書，是作者由發表在省級報刊的十部中篇小說、紀實文學穿綴而成的，有《皇家鹿苑保鏢傳奇》（原載《章回小說》1989 年第 4 期），一九八九年十二月被瀋陽《文學大觀》轉載，一九九〇年三月八日至二〇〇〇年三月二十三日被哈爾濱《新

▲ 吳強稼出版的部分文學作品

晚報》連載;《鹿苑情》（載《參花》1990 年第 7 期）;《雪夜奇案》（載《參花》1991 年第 2 期）;《張作霖破奇案》（載《民間故事》1991 年第 2 期）;《智奇皇貢》（載《城市晚報》1991 年 6 月 6 日至 7 月 12 日）;《亂世情仇》（載《長春晚報》1993 年 9 月 6 日至 1994 年 9 月 27 日）;《鹿苑魔影》（載《參花》1993 年第 6 期）。之後,《鹿苑魔影》又被河南《傳奇文學選刊》一九九四年第四期轉載,改名為《鹿苑逐鹿》。《皇家鹿苑恩仇記》載《長春晚報》一九九四年四月二十九日至五月二十一日。《馬記鹿茸與馬興泰傳奇》載《南北橋》（1994 年第 8 期、9 期、10 期、11 期、12 期連載）。《關東炸茸王馬興泰傳奇》載《吉林科技報》（1996 年 3 月 4 日 4 版至 3 月 15 日 4 版）。

《解方將軍傳奇》一書由發表在省級以上報刊的多部中篇和短篇紀實小說組成,有《川島芳子和婉容皇后》《解方將軍與日本女諜》《張學良與交際花關露瑩》《曠世之謎》《解方將軍:遼寧省軍區第一任參謀長》《解方將軍與圍困長春》《烽火中將軍——解方側記》《解方將軍:志願軍第一任參謀長》《解方將軍與朝鮮停戰談判》等。

《解方將軍和張學良》一書由多部中篇小說、紀實小說構成。《張學良與解方將軍》（原載《參花》,後被《統戰月刊》《黨員之友》《民政導刊》《長春晚報》等多家報刊登載）;《吳大帥和他的太太們》《御弟溥傑與王妃嵯峨浩》《東北王張作霖和他的太太們》,均被《章回小說》《參花》等報刊登載;《「大右派」張伯駒婚戀傳奇》（原載《統戰月刊》,後被《章回小說》登載）。

《鹿鄉的日本女人》一書由《鹿鄉的日本女人》《皇家鹿苑史話》《分鹿》三部分組成。《吉林日報》記者李信曾撰文介紹過該書,後被谷歌、百度網站轉載。《解方將軍傳奇》《張學良和解方將軍》在百度網站登載。

多年來,吳強稼還蒐集整理發表了數十篇民間故事。代表作有:《張作霖父子與皇家鹿苑》《鹿仙姑與還陽草》《乾隆皇帝與大肚川寒蔥》《歪梨媽媽》等。其中,《梅花鹿的傳說》《慈禧太后與瘸鹿》,在《民間故事》雜誌登載後,榮獲吉林省民間文學第二屆、第三屆「三寶杯」優秀作品獎。

夢裡飄進飛天仙女 —— 王恩富

王恩富（1951 年-）東豐縣楊木林鎮人。中日韓書法家協會會員，中國老年書畫協會會員，吉林省書法家協會會員，中國毛筆書法藝術家協會遼寧省份會副主席，遼源市書協會員，東豐縣老幹部書畫研究會會員。其書法作品在《走進桃花源‧全國書畫大展經典》《中華書畫藝術精品集》《中國書法藝術》《全國書畫家經典》《中國老年書畫代表作典藏》《中韓兩國優秀書法家韓國國會邀請展》等書畫典籍發表，並獲金、銀獎二十餘次，多件作品被國際和台灣地區友人收藏，編印有《王恩富書法藝術》書法作品集。二〇一二年，被授予「中韓文化大使」稱號。

　　將時間的指針轉回到五十年前，那是二十世紀的六〇年代，那時的人們還都沉浸在「抓革命、促生產」的熱情之中。東豐縣楊木林公社雖說位置偏遠，但一樣被這種熱情所覆蓋，標語、口號、板報充斥著人們的視野。被鼓舞的人

▲ 王恩富（前一）在北京書法展上與友人現場交流

們意氣風發，忙碌於街道與田野之間。這時，誰也沒有在意，一個背書包的小孩子時常站在板報前發呆。他個子不高，長得很清秀，沒人知道他在看什麼，他在想什麼。「那時我還在念小學，不知為什麼就開始對字著迷。當時的感覺是，它們不是呆呆地印在紙上的，它們會動，會說話。好看的字每次都會看很久。」王恩富的思緒飛過了半個世紀，兒時的歲月曆歷在目。透過他的眼睛，似乎可以看到從前那副稚氣俊朗沉思的模

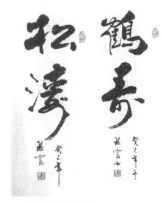

▲ 王恩富書法作品

樣。「那時，我不但愛看，更愛寫字。」於是，班裡乃至學校裡的同學們漸漸地都知道，王恩富的字寫得漂亮。隨著年齡的增長，他的聲名也越傳越遠，從鄉里縣裡一直到省裡。「一粒沙裡一世界，一朵花裡一天國。」也許這真是一個平行的世界，只有你用心去感悟才能發現並悟進去。王恩富感悟到寫字的美妙，並一點一點進入了這個世界。而引領他的就是那個每天在鄉村之間寫標語、板報的人，他的名字叫徐仁智。徐仁智善寫行書，筆力厚重而婉約，透著曠達與謙和，是全國著名書法家。

「我的老師是個『書痴』，他的全部生命都融入翰墨之中。」說起自己的老師王恩富有點兒激動，「他甚至在吃飯走路時都在想著寫字。也許字在他的眼裡已經不再是單純的字，而是飄進夢裡的飛天仙女。我跟老師學字三十年，真的要感謝老師給我打開了一個新的世界。」王恩富的字深受徐老影響，但他並不拘泥於一家。「學無常師」，博采眾家之長是王恩富的學字經。不管走到哪裡，只要有書法作品，他都會停下來靜靜揣摩。他有一個大「賬本」，但不用來記賬，而是集字。數十年來，他看過的報刊，只要有好字他都會細心地將其收集起來，要是不能剪切，他就用照相機照下來，以便日後反覆臨摹。如今，這個「賬本」已經集滿，古今名家，南北巨匠的作品齊集一堂，都成了王恩富的老師。王恩富的字就某個筆畫而言，可以說有點兒離經叛道。但是，你

▲ 王恩富獲獎證書

要把目光放寬就會發現，那是一幅大寫意的畫卷。「我的字是美人」，王恩富用這樣短短六個字來總結自己的作品。這個比喻很恰當。他的每個字都好似一個靈動的生命，在幽幽地講述著自己的故事。當這些故事有機地串聯在一起，波瀾起伏，所演說的似乎只剩下兩個字——紅塵。

王恩富喜歡寫蘇東坡的詩句，更喜歡把它朗誦出來。

打開他的《錄念奴嬌·赤壁懷古》冊頁，那低婉深厚的聲音就在耳畔響起來，那滔天的巨浪躍然紙上。小喬的柔美，周郎的俊逸，百萬大軍鏖戰赤壁，金戈鐵馬席捲而來，而觀者卻如漁叟樵翁在聆聽一曲《大江吟》，這字裡行間流淌著的儼然是整整一個時代的樂章。

在王恩富的書法作品裡，時常會出現銘文或甲骨的身影，這些先民們創造出的質樸形態與行書熔於一爐，別有一番韻味。其勢如同坐而論道的夫子，為諸賢講述著經天緯地之學，也好似清靜無為的老聃，丟下「五千言」，騎著青牛悄然無蹤回歸自然。

為什麼這樣寫？王恩富沒有解釋。也許是這位已過天命之年的書法家對天地人生的另一種解讀，抑或就是老子所說的「復歸於樸」吧。

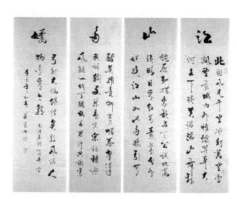

▲ 王恩富書法作品

多才多藝寫人生——王景興

王景興（1951年-）字遠帆，號樂靜齋齋主，吉林省遼源市人。中國華人書法家協會副主席，中國書法家協會理事，文化部中國酒文化協會書畫院秘書長，國家二級演奏員。一九七〇年參加工作，在東豐縣劇團至今。王景興多才多藝，在詩歌創作、書法、繪畫方面，國內都小有名氣。他不僅笛藝精湛，亦兼劇團樂隊配器和指揮。主要書法成就：榮獲首屆「國魂、軍魂、民魂」全國詩書畫大賽金獎、首屆「太白杯」全國詩書畫大賽金獎、「大中華奧運杯」全國書畫大賽一等獎、中國詩聯名家書畫精品大展金獎；獲國內大獎的詩歌：藏頭詩四首獲「中國共產黨成立九十週年書畫大賽」一等獎、「紀念週恩來誕辰一百零八週年全國書畫名家大展」銀獎、「橘子洲盃」全國書畫大賽銀獎、「毛澤東詩詞」全國書畫大賽銀獎；繪畫作品：《正氣歌》先後被中國歷史博物館和國防大學

▲ 王景興國畫作品

▲ 王景興書法作品

收藏；《岳陽樓記》《雪松圖》被中國軍事科學院收藏；作品入編《中國藝術大家》大型藝術人物專輯、《紀念徐悲鴻一百一十週年書事作品集》《第二屆全國電視大賽優秀作品集》《夕陽紅‧中國詩聯名家書畫精品寶典》《伴飛神十，圓夢天宮，二〇一三「中國夢」中國航天文化藝術行，神舟十號活動入選作品集》等。

▲ 王景興書法作品

▌「全國十大農民畫家」之首──李俊敏

　　李俊敏（1951 年-），東豐縣南屯
基鎮紅鄉頭村人，副研究館員，東豐
縣農民畫創始人之一，省級非物質文
化遺產代表性傳承人。中國民間文藝
家協會會員，中國農民書畫研究會特
邀創作研究員，吉林省美協會員，吉
林省農民書畫研究會常務理事，省政
府文史研究館館員，現受聘於慧鑫勝泰國際文化傳媒有限公司，任藝術總監。
受家庭薰陶，自幼喜愛畫畫和剪紙。李俊敏在二十世紀七〇年代開始就一邊幹
農活一邊搞創作。他從質樸的農村生活中汲取創作的靈感，他從生活和田間勞
動中發現可以表現的題材，當地的民風、民俗、風土人情是他取之不盡的繪畫
創作源泉。俗話說：一方水土養一方人。他在不同時期創作的美術作品都會留

▲ 三年五個頭　李俊敏

下那個時代的烙印，如二十世紀八〇年代李俊敏創作的《責任田》，反映了中國改革開放初期農村包產到戶、農民在責任田裡勞動生產的喜悅心情；二十世紀九〇年代李俊敏創作的《關東玉米樓》，反映的是中國農村改革開放後糧食堆積成山、農民走上富裕路的真實場面。他深有感觸地說：「如果再讓我畫以前的畫，我肯定畫不出來了，因為只有在特定的時代才會有真情實感。」「用心靈創作是農民畫創作的真諦……是在情感的王國裡自由馳騁，用自己純樸熱情的感情去追求表現生活的美。」這是李俊敏的話，也是東豐農民畫很多作者藝術思維的概括。而這其中，也包含著這些農民畫家對祖國、對人民、對鄉土、對生活、對自然的無限熱愛。

也正是如此，李俊敏創作出一系列有感而發的作品，如《相牛》，是採用民俗化的相牛俗語：「上觀一身皮，下瞧四個蹄，前瞅寬夾畔，後看屁股齊。」用一種極富地域性、科學性、趣味性的民間口頭文學為創作尋找牛的藝術形象。牛的造型誇張變形，粉紅色的牛帶有浪漫色彩，牛身體上極富裝飾性的圖案，表現出畫家無拘無束的主觀願望和情感隨意性。畫家李俊敏對物象的理解早已超越了客觀再現，而具有像徵性、神祕性和表現性等特點。《四位老漢》的人物造型是大腦袋小身子，這種違背常識與正常人體比例的視覺感受，卻是那樣的和諧統一，並帶有情趣性、隨意性。這種主觀的造型手法，是他心靈的

▲ 割鹿茸　李俊敏

感受和想像，並用他自己理解的方式表現出來，因而形成了他特有的表現語言。另外，整個畫面上下左右各畫一位老漢，這種大膽的表現是作者通過人物服飾上、動態上、佩戴的不同帽子上求得變化，打破了畫面構圖的對稱和呆板。畫家李俊敏把握物象的能力和這種隨自己情感而動的結構造型能力，是

▲ 李俊敏畫集

農民畫家特有的突出的特徵所在。從而，這幅畫在構思、構圖、色彩等方面，更符合內容和形式美感，給人以很強的審美視覺感受。

　　一九八〇年，李俊敏到鄉文化站工作以來，他組織輔導農民畫近千幅，其中有兩幅作品獲一九八三年「全國首屆農民畫大賽」和一九八八年「全國農民書畫大賽」一、二等獎。他創作的作品《打繩圖》《三年五個頭》，榮獲一九八三年「吉林省首屆農民畫展」二等獎，《飲牛》入選「全國首屆藝術節現代民間繪畫展覽」，並被中國民間美術博物館籌備組收藏。在他的八百多幅作品中，《寧捨一頓飯，不捨二人轉》等三十餘件作品，在多次展出中獲獎，受到各界人士的青睞和好評。二〇〇九年七月二十四日，中央電視台新聞聯播「我和我的祖國」專欄播出了《李俊敏：農民畫裡看變遷》的新聞。屏幕上，李俊敏以真摯的情感，飽含著對生活的熱愛，娓娓敘述了幾十年來，他們一家四代人如何用畫筆見證了農村的巨大變遷。新聞播出後，在社會上引起了巨大的轟動效應，從而使李俊敏成為東豐縣農民畫的一面旗幟。

　　近年來，李俊敏分別在韓、俄、日、瑞士舉辦個人畫展五次，二〇一〇年出版了《李俊敏畫集》，中央電視台新聞聯播、經濟頻道和農業頻道及韓國、瑞士等多家國內外媒體都做過專訪和專題報導。他還先後被文化部、中國文聯、中國美協、中國農民書畫研究會、中國電視藝術家協會等部門授予（評為）「民間美術開拓者」「全國先進文化站長」「畫鄉優秀輔導員」「全國十大農民畫家」「全國十大傑出農民書畫家」等稱號。

巾幗不讓鬚眉──賈慧卿

　　賈慧卿（1951 年-）筆名冬青，女，東豐縣東豐鎮人，正高級編審，吉林省作家協會會員。歷任東豐縣文化館創作輔導員，《吉林畫報》社編輯、編輯部主任、副主編。自一九七三年起，有小說、散文、報告文學、人物傳記、新聞報導等大量作品在省內外報刊發表。代表作──小說《槽頭日記》，故事引人入勝，文筆雋永，在當時知青文學中引起轟動。在畫報社工作期間，她撰寫的稿件及攝影作品，多次在中國畫報研討會、東北三省畫報研究會、吉林好新聞評比中獲獎。她主持編發的《吉林畫報》，連續多年被評為省一級期刊。多年來，她還主編或參與編輯《中國的吉林省》《吉林省省情》《時代先鋒》《主人風采》《吉林之旅》《吉林交通》《中國長白山》《中國·樺甸》《中國·長白朝鮮族自治縣》、郎琦攝影集《白山松水不了情》等幾十種大型精美畫冊。她撰寫的抗聯英雄傳記《陳瀚章》《李紅光》，報告文學《新時代楷模》等入編《抗聯英烈》叢書及《大地驕子》《太陽石》等叢書。

▲ 賈慧卿任《吉林畫報》副主編、編輯部主任、編輯期間出版的刊物

東豐農民畫創始人 —— 李俊傑

　　李俊傑（1952 年-）東豐縣南屯基鎮紅鄉頭村人。中國農民書畫研究會會員，省級非物質文化遺產代表性傳承人，省農民書畫研究會常務理事，市美術家協會副主席，縣文化館研究館員，縣農民畫研究會主席。他從小受到家族畫綵頭、剪紙、枕頭頂、壁畫、綵棚畫、毛草紙畫等民間藝術形式的薰陶，漸漸喜歡上繪畫，並開始從事繪畫創作。一九七四年，李俊傑參加了四平地區組織的考察團到戶縣參觀考察，學習農民畫的創作經驗，並於一九七四年末，在當時的秀水公社成立了文化站，李俊傑負責在文化站辦農民畫學習班，培養了大批的農民畫骨幹作者。

　　人們都稱李俊傑為「東豐農民畫的創始人、傳承人、扛旗人」，而他自己卻說：「俺就是秀水這疙瘩普普通通的農民。」從山清水秀的「秀水公社」走出的李俊傑，是吉林省首批「十大鄉土專家」、農民畫畫家。他用一支色彩斑爛的畫筆，繪出了蜚聲國內外的農民畫，繪出了桃李滿天下的成就。幾十年來，他不僅創作了一幅幅風格鮮明、風情濃郁的農民畫佳作，而且還培養了一批批優秀的農民畫作者。

　　一九五二年，李俊傑出生在東豐縣秀水河畔紅鄉頭村的兩間茅草房裡。他曾祖母、爺爺、父親都是有名的民間藝人，在家庭薰陶下，李俊傑對民間藝術產生了興趣。他畫什麼像什麼，同學們都叫他「小畫家」。

　　初中畢業後，李俊傑回家務農，但

▲ 《李俊傑作品》集

▲ 過大年　李俊杰

他沒有丟下手中的畫筆。他的周圍也聚攏了一些愛畫畫、想學畫畫的年輕人。一九七三年，這個「業餘美術小組」已經發展到二十七人，創作了最初的東豐農民畫作品十七件。其中，李俊傑與哥哥李俊敏合創的《學犁》，分別在《吉林日報》《紅色社員報》上發表。一時間，這個鄉村「業餘美術小組」聲名鵲起。

▲ 過老鼠嫁女　李俊傑

　　隨後，秀水公社成立文化站。這是東豐縣、四平地區乃至吉林省的第一個公社級文化站，李俊傑成為第一任文化站站長。

　　李俊傑從二十世紀七〇年代開始，一邊培養新生力量一邊從事農民畫創作。他的作品緊跟時代步伐，貼近生活，擅長用宏觀場面反映對祖國、對人民、對鄉土、對生活、對自然的無限熱愛。也正是如此，他創作出一系列有感而發的作品。如《農民工系列組畫》，畫的是農民外出打工的艱苦歷程；《上輩人系列組畫》，表現的是上輩人的生產生活。這些作品樸素、純真、清新，散發著濃郁的鹿鄉生活氣息，表現了火熱的北國民俗風情，其造型粗獷豪放、色彩濃烈鮮豔。

　　一九八二年五月二十六日，「秀水農民畫展」在東豐縣文化館隆重揭幕，四十多名作者的三四六幅農民畫吸引了十里八村的農民，畫中流淌著濃濃的鄉土氣息、濃濃的生活韻味，讓大家讚不絕口。一九八三年十一月，在吉林省首屆農民畫展中，秀水公社有六幅作品榮獲一等獎。同年，在全國首屆農民畫展中，李俊傑的學生張玉豔創作的《幸福的晚年》獲大賽一等獎，李昇華創作的《農忙時節》獲二等獎，均被中國美術館收藏。

　　作為東豐農民畫的創始人之一，李俊傑從事農民畫創作與輔導四十餘載，

他以驕人的成績屢獲殊榮，桃李滿天下。他的作品也多次獲得省、國家級獎勵，多次遠赴瑞士、德國、美國、新加坡、韓國、日本等國家展出。

他曾先後被文化部授予「全國農村文化藝術先進個人」，被吉林省人民政府授予「吉林省勞動模範」稱號。在二〇〇九年「中國重慶藝術節」上，他創作的《祥和端午》榮獲金獎。二〇一〇年，《祥和端午》又獲得全國農民畫展入選獎、戶縣邀請展特邀獎和全國民協農民畫展優秀獎，並獲吉林省藝術設計大賽一等獎。

「什麼是路？就是從沒有路的地方踐踏出來的，從只有荊棘的地方開闢出來的。」正是這種精神，支撐著李俊傑，將農民畫創作傳揚於海內外。

幾十年來，李俊傑的繪畫由寫實到傳神，再到造境，藝術水平不斷提高，作品意蘊深遠、境界高尚，盡展生活之美，受到社會各界廣泛的關注和讚譽，並多次獲得了獎項。成績的取得並沒有阻止李俊傑前進的腳步，他將不斷地開拓進取，勇於創新，引領東豐農民畫家向更高層次攀登。

▲ 年俗組畫之一　李俊傑

水墨丹青繪人生——王忠禮

　　王忠禮（1952 年-）東豐縣東豐鎮人，副研究館員。中國農民書畫研究會會員，吉林省美術家協會會員，吉林省書法家協會會員，遼源市美術家、書法家協會理事，吉林省東豐農民畫特色人才。他的作品多次在國家、省、市參展，並獲一、二、三等獎，主要美術作品：國畫《溪水情》《年輪》《長白夜色》《晚風》《愛與恨》《秋色》等；農民畫《長白風情》《長白牧鹿》《金月亮》《趕集》《長白山寶》等，以及多件書法作品。他還先後撰寫《論農村群眾文化組織機構的設置與運行》《論群眾美術工作在社會主義精神文明建設中的作用》等十餘篇論文，在省、市論文研討會上宣讀並獲獎。

▲ 南北炕　王忠禮

「土野奇才」——耿長海

耿長海（1952 年-）東豐縣楊木林鎮人。國家一級作曲，中國音樂家協會會員，中國曲藝家協會會員，吉林省二人轉藝術家協會理事，遼源市音協副主席。

一九六八年以來，先後在東豐縣三代會文藝宣傳隊（後改為文工團）、文化館、文化局工作。一九八〇年，任東豐縣戲劇創作室主任。曾兼任長春出版社《幽默驚奇故事》《奇聞怪事》《幼兒教學研究》主編；瀋陽莎夢文化發展有限公司藝術總監。

耿長海是二人轉音樂泰斗那炳晨的大弟子，著名劇作家、戲劇理論家王肯的得意學生，被譽為「土野奇才」。二〇〇〇年，被東豐縣委、縣政府授予「東豐縣文學藝術菁英」稱號。二〇〇八年七月，被吉林省人事廳、省文聯、省文化廳、省二人轉藝術家協會評為「吉林省優秀二人轉作曲家」；同年八月，被遼源市委組織部、市人事局評為「遼源市拔尖創新人才」。

自一九八〇年從事專業作曲、編劇以來，耿長海十一件作品獲國家級獎，四十八件作品獲省級獎，二百餘件作品（包括整理改編）在國家、省、市報紙、期刊、電台、電視台、出版社發表（播出、出版），十部二人轉作品在全省推廣。主要作品有：二人轉《葡萄姻緣》（編劇並作曲）《鳴鳳怨》《王熙鳳戲賈瑞》《大滾包》《夫妻鬧夜》《小寡婦上墳》《婚姻變奏曲》《刁婆傳》《老兩口賠情》《豬八戒下南洋》《狗事生非》《宋江殺惜》；拉場戲（編劇並作曲）《狗·老媽·教授》《住店》；小品《一對養路工》《老郭的生日》《檢察官的煩惱》；電視戲曲藝術片《大拜年》（合作）《合家歡》；歌曲《擁抱春天》《玉兔迎春》《咱們吉林好地方》（作曲）、《我們的工廠像花園一樣美》《鹿鄉放歌》《關東爺們兒》《東豐啊東豐，我可愛的家鄉》（此歌 1988 年被確定為東豐縣縣歌）

《鹿鄉美》（此歌 2012 年被確定為東豐縣縣歌）等。

二〇〇七年，耿長海擔任遼寧省瀋陽市電視台春晚《轉星大拜年》策劃人之一，並為其中三個節目譜曲；東豐電視台二〇〇〇年至二〇一三年春晚策劃、藝術總監、主創；二〇一一年，耿長海被聘為

▲ 演員演唱耿長海作詞作曲的歌曲《擁抱春天》

「吉林省歷史文化書系」之《二人轉傳統劇目選》特邀編輯，參與蒐集、整理、編輯、出版了二人轉傳統劇目十大卷（吉林人民出版社），近五百萬字，四百餘個劇目。其中，收入耿長海記錄整理、改編的二人轉傳統劇目七十三部。同年，由吉林省文化廳編輯的《吉林二人轉劇本全集》（共十卷，吉林大學出版社），收入了耿長海創作的二人轉新劇目九部。

二〇一二至二〇一三年，他參加吉林大學和東豐縣聯合組成的「皇家鹿苑」考證課題組，全程參加了考證工作，合作撰寫了二十三萬字的學術著作——《東豐「皇家鹿苑」通考》，由吉林文史出版社出版發行。二〇一四年，耿長海策劃、編輯了《舊貌新顏話東豐》大型圖片展冊。

耿長海是目前吉林省乃至東北地區編劇、作曲並舉的「兩棲」作家。他出身於農民家庭，也是東北大秧歌世家，爺爺會唱許多東北民歌，父親當過社（人民公社）業餘劇團團長，演過多部評戲、二人轉。在家庭和環境的薰陶下，耿長海兒時便對二人轉產生了濃厚興趣，熟知一些劇目，會唱許多二人轉曲牌和民歌小調。初中時代，他是校文藝隊隊長，自悟學會了吹笛子。一九六八年，初中畢業參加工作到東豐縣文藝宣傳隊，任伴奏員和演員，劇團也曾排演過他創作的節目。一九七〇年，調到縣文化館任文藝輔導員（後任文藝組長）。在文化館工作期間，創作了大量演唱作品，曲子都是自己練習譜出。當時，長影的中國著名作曲家雷振邦插隊落戶在東豐縣永合公社，被縣文工團

（即原文藝宣傳隊）借用，耿長海創作的多首歌曲都是請雷老師點評、修改的，得到真傳，受益匪淺。耿長海深愛二人轉，最渴望的是學會二人轉劇本創作和二人轉作曲。一九七二年，吉林省著名劇作家、戲劇理論家王肯和著名二人轉作曲家那炳晨落實政策恢復工作後的第一件事，就是到東豐縣農村深入生活。那年，鑌頭遍地的時候，文化館領導指派耿長海陪同二位老師下鄉，為二位老師服務。這可是千載難逢的好機會。在鄉下，他和二位老師一同下田勞動，一同向農民學習，瞭解民風鄉情，晚上和老師同住一鋪火炕，在被窩裡，聆聽王肯老師講二人轉劇本創作要領。回城後，耿長海參加了那炳晨老師在東豐縣舉辦的「文革」後第一個二人轉作曲學習班。王、那二位老師的厚愛和直面教誨，使耿長海實現了願望，從此在二人轉編劇和作曲兩方面同時長足發展。一九八〇年，他就任縣戲劇創作室主任。在吉林省專業創作隊伍中，他很快初露頭角，新作品接連出現，並在省、地（市）以至國家級二人轉賽事中獲多項大獎。因成果顯著，一九八七年一月被破格評聘為國家二級作曲，二〇〇三年被評聘為國家一級作曲。二〇〇八年七月，被吉林省人事廳、省文聯、省文化廳、省二人轉藝術家協會評為吉林省優秀二人轉作曲家。

▲ 演員演唱耿長海作詞作曲的歌曲《玉兔迎春》

舞台人生四十載──黎明

黎明（1952年-）國家一級導演，吉林省戲劇家協會會員，遼源市二人轉藝術家協會名譽主席，原東豐縣評劇團團長。

黎明在舞台上不斷探索，揣摩人生，展現生活。他十七歲進入當時的東豐縣文工團做演員，先後在樣板戲《紅燈記》《沙家濱》《智取威虎山》等劇目中扮演重要角色。改革開放後，相繼在《霓虹燈下的哨兵》《蘋果樹下》《洪湖赤衛隊》等劇目中擔任主演。曾經在吉林電視台拍攝的二十集電視連續劇《帷幕剛剛拉開》中扮演文化局副局長一角，其到位的表演得到了影視界專家和觀眾的一致好評和認可。多年的舞台積累和深厚的表演功底，讓他逐漸走向成熟，突出的業務技能逐漸把他推向了導演的崗位。他曾師承「文革」期間下放到東豐縣勞動鍛鍊的長春電影製片廠經驗豐富的藝術家們，學習舞台導演業務，並且在《霓虹燈下的哨兵》等大型劇目中擔任過副導演工作，得到了領導和廣大觀眾的認可。一九八〇年二月，鑒於黎明的工作成績及業務能力，他被選派到剛剛組建的東豐縣地方戲團擔任業務副團長，開始了他的二人轉和拉場戲的導演生涯。短短的幾年裡，黎明導演的二人轉劇目就多次在當時的四平地區及吉林省的二人轉會演中獲一、二等獎。一九九一年，在文化體制改革的時代背景下，東豐縣地方戲團與東豐縣評劇團合併，成立新的東豐縣評劇團。黎明臨危受命，擔任評劇團團長職務。到任後，他團結帶領一般人，銳意進取，大膽改革，大力發掘老劇目，開發新劇目，使東豐縣評劇團這個在二十世紀五六十年代紅遍東北三省的老團重新煥發了藝術青春，相繼排演了大型古裝評劇《小女婿》《桃花庵》《春草闖堂》等傳統劇目；排演了大型現代評劇《江姐》、話劇

▲ 黎明飾演《洪湖赤衛隊》中彭霸天劇照　▲ 黎明導演的經典二人轉劇碼《住店》劇照

《高山下的花環》等新劇目。一九九五年末，由於工作需要，黎明被調到東豐縣文化館擔任館長。調入文化館後的第二天，他便組織館內的創作人員編寫電視紀錄片《春滿畫鄉》劇本。電視紀錄片《春滿畫鄉》由遼源電視台錄製完成，於一九九六年春節向全市人民播放。同年五月三十一日，由黎明精心籌劃的「東豐縣農民畫展」在北京中國美術館成功舉辦，時任全國人大常委會副委員長的王光英到會為展覽剪綵，本次展覽首開國家美術館為縣級舉辦專門畫展的先河。一九九七年九月，因工作需要，黎明回到劇團擔任黨支部書記工作。這期間黎明除了做好黨務工作外，便一門心思地鑽研起二人轉的導演業務。他導演的二人轉劇目《夫妻鬧夜》，獲文化部舉辦的「全國二人轉調演」導演二等獎；《住店》獲「吉林省二人轉會演」導演一等獎和綜合一等獎；《王熙鳳戲賈瑞》《趙老冒修橋》《大滾包》等十幾個劇目分別在省、市二人轉會演中獲得大獎，並被評選為吉林省二人轉推廣劇目。二〇〇六年，歷史又一次把新的使命壓在了他的身上，重新擔任東豐縣評劇團團長。上任伊始，他根據劇團的實際情況，組織劇團領導實行內部機制改革，調動一切積極因素，大力開發新劇目，先後與縣紀檢委聯合舉辦《廉政之聲》專場文藝演出；聯合縣教育局舉辦《希望之聲》兒童戲專場演出；配合縣政法委的普法工作舉辦《普法之

聲》專場文藝演出和農村工作「三下鄉」演出。他還先後組織了《紅旗頌》《祖國頌》《軍旗頌》等大型文藝演出。從一九九九年起，他先後擔任了東豐縣建縣一百週年、東豐縣農民藝術節、東豐縣鹿鄉文化節和連續十五屆的東豐縣春節聯歡晚會的總導演。經過他的努力，東豐縣評劇團不斷擴大演出市場，經常在東北三省和京津地區巡迴演出。

歡笑永留觀眾心中——王文濤

　　王文濤（1952 年-2009 年）國家二級演員。曾任吉林省戲劇家協會會員，遼源市戲劇家協會理事，東豐縣評劇團副團長。一九七○年參加工作到東豐縣文工團，是劇團的主要演員。一九七八年七月，東豐縣在文工團基礎上恢復重組縣評劇團後，王文濤主攻評劇小生行當，又拜原東豐評劇團著名丑角演員楊雲為師，主攻評劇三花臉行當。在大型評劇《徐九經陞官記》中擔任主角徐九經，在大型評劇《白蛇傳》中擔任主角許仙，並在《程咬金》《桃花庵》《古剎魅影》《梁祝》《秦香蓮》《六月雪》《唐知縣審誥命》《小女婿》《於無聲處》《誰之罪》等三十多台大型評劇中擔任主角。

　　該人多才多藝，刻苦鑽研，功底紮實，戲路較寬，嗓音明亮高亢，嘴皮利落，吐字清晰，板頭實成。他唱的《徐九經陞官記》中「當官難」一段功力彰顯，場場爆響。他不僅在戲曲表演方面造詣頗深，在二人轉表演方面成就也很突出，在吉林省小有名氣。

　　一九七八年，他表演的二人轉《還是當年大老王》，在「吉林省二人轉調

▲ 王文濤在 1994 年省二人轉會演時演出的《夫妻鬧夜》劇照

▲ 王文濤（左一）演出的拉場戲《馮奎賣妻》

▲ 王文濤演出的評劇《鹿鄉四季》　　　　▲ 王文濤演出的拉場戲《雙拐》

演」中獲一等獎，是本次調演中最好的劇目，在全省產生極大影響，被音像出版社錄製盒帶，熱銷市場。

　　一九八八年，他表演的二人轉《王熙鳳戲賈瑞》在「吉林省第七屆二人轉巡迴觀摩評比」中，獲表演二等獎。

　　一九八九年，他表演的二人轉《大滾包》，在「第八屆吉林省二人轉新劇目觀摩評比暨推廣會」上，獲表演一等獎。

　　一九九一年，他表演的二人轉《夫妻鬧夜》，在「吉林省第十屆二人轉新劇目觀摩評比暨推廣會」上，獲表演一等獎。

　　一九九二年，他表演的二人轉《婚姻變奏曲》，在「吉林省第十一屆二人轉新劇目觀摩評比暨推廣會」上，獲表演二等獎。

　　一九九四年，他表演的二人轉《刁婆傳》（上下部），在「吉林省第十二屆二人轉新劇目觀摩評比暨推廣會」上，獲表演一等獎。

　　一九九八年，他表演的二人轉《豬八戒下南洋》，在「吉林省第十四屆二人轉新劇目觀摩評比暨推廣會」上，獲表演二等獎。

　　他的京東大鼓演唱也很出色，多次在縣裡的大型晚會上演唱，很受歡迎。

　　撰有《淺談二人轉表演藝術》論文，發表於《吉林戲曲研究》雜誌上。

鹿鄉山水秀神州──朱殿舉

朱殿舉（1953年-）字墨華，筆名電雨、無雨，號鹿鄉人，中國畫藝委會、中國硬筆書法協會（A級）、中國國畫家協會、當代文學會會員，中國詩詞研究院研究員，中國國家書畫院副院長，金陵書畫院名譽院長，中國中老年書畫院藝術博士、首席主任教授，黃山、菏澤牡丹書畫院和上海、福州等二十餘所書畫院特聘書畫家，吉林省書畫會、新聞攝影協會會員，遼源市作家協會會員，東豐書協副主席。

自幼酷愛文學、書畫、攝影等。十五歲應徵入伍後，即參加「全軍美術學習創作班」，教員有國畫大師黃胄、董辰生，油畫大家何孔德、高虹、吳敏等，結束後被選調到軍政治部從事文化宣傳、創作培訓等工作，舉辦、參加過全軍、全國美展等各項展覽會二十餘場次。

一九七二至一九七五年，由於成績突出，被選送到瀋陽魯迅美術學院學習深造，受教於花鳥畫家郭西河、山水畫家孫恩同和洪俊、人物畫家王盛烈和溫讀耕等。期間，曾在「魯美」、瀋陽工人文化宮舉辦個人書畫展，受到社會各界好評。

一九八四至一九八五年，在部隊正規化建設中，負責文化宣傳工作，共作畫一百餘幅，裝點了機關、部隊，為部隊節省了開支，為部隊正規化建設做出了突出貢獻，榮立了三等功；另外，還積極向軍報投美術稿件（油畫、國畫、刊頭設計等），發表十餘幅，受到首長、同志們的一致好評。

轉業到地方後，曾在《人民日報》《新中國成立軍報》《中國青年報》《中國硬筆書法報》《美術報》《美術大觀》《法制日報》《中國稅務報》《檢察日報》

▲ 朱殿舉國畫作品

《遼源日報》等數十家報刊上發表油畫、國畫、書法、連環畫、漫畫、插圖、報刊設計及小說、散文、詩歌、報告文學等二百餘篇（幅）。

　　數十幅國畫、油畫、書法作品，在全國、全軍、省市美展、書畫展中入選並獲獎；數十幅書畫作品入編《全國美術展覽作品集》《當代藝術家梅蘭竹菊書畫精品鑑賞》《當代書畫家墨跡大觀》等畫冊；出版發行《朱殿舉國畫作品精選》、連環畫《模範共產黨員——肖永文的故事》等；數十幅油畫、國畫作品曾赴美國、英國、法國、意大利、俄羅斯、韓國、日本等國及港澳台、北京、上海、廣州、福州等地展出；上千幅書畫作品被軍事博物館、中國書畫收藏院、抗戰紀念館、國家書畫院、畫聖吳道子藝術館等和國內外各界人士收藏；為部隊、地方創作書畫、油畫、宣傳畫、連環畫、農民畫千餘幅。其中：

▲ 朱殿舉國畫作品

二〇〇〇年，硬筆書法作品參加「全國機關硬筆書法大賽」獲優秀獎，被吸收為中國硬筆書法協會會員（A 級）；二〇〇五年十二月，國畫花鳥作品《春華秋實》參加「中國電影百年書畫大展」獲銅獎；二〇〇七年十二月，國畫山水作品《觀海聽濤》參加由中國書畫家協會、中國藝術家協會舉辦的首屆「神州杯」全國藝術大賽，在兩萬二千件作品中脫穎而出，榮獲金獎；二〇〇八年，國畫《春蘭》作品，在「全國梅蘭竹菊書畫大賽」中獲金獎；二〇〇八年，國畫作品《黃山春雲》，在「2008 全國書法美術攝影作品大獎賽」中，榮獲金獎；二〇〇九年，國畫人物作品《春潮不息》（鄧小平畫像），參展「慶祝畫聖吳道子藝術館成立十週年全國書畫大展賽」，榮獲銀獎，作品入編《當代書畫名家典藏精品集》，並被主辦單位永久收藏；二〇一一年，國畫人物作品《甜》參加由中國美協、中國民族書畫會聯合舉辦的「全國民族書畫大獎賽」獲優秀獎，並被授予二〇一一年度「中國書畫百傑」榮譽稱號；二〇一二年，國畫《豐秋》入選吉林省文聯、省美協主辦的「松江風情‧吉林省小幅畫展覽」；二〇一四年，在「紀念孔子誕辰 2565 週年」活動中，詩書畫作品參加了中國國學研究會主辦的「中國詩書畫大賽」，並被授予「孔子金像藝術獎」金獎。

　　二〇〇二年，因朱殿舉藝術創作成績突出，被載入《中華文化個人大典‧2000 年》卷。

飽蘸墨香盡風流——高寶玉

　　高寶玉（1953 年-）號奇石，別署長白山裡人，東豐縣楊木林鎮人。中國書法家協會中央國家機關分會會員，中國東昌書畫家聯誼會員，中國書畫家龍崗聯誼會會員。硬筆、毛筆書法卓見功力，一九八九至二〇一三年，作品在諸多國際、國內書法展賽中獲獎，主要獎項（金、銀）有：「世界盃國際美術書法攝影大賽」金獎、「中國歷代書畫名家名作大賽」金獎、「夢圓世界盃·中國書畫名家精品大賽」銀獎、「中國龍典大賽」銀獎等。有二件作品被收藏，七件作品入編「寶典」、精品集和作品集。二〇一三年，參加《中國藝術「飛天」獎書畫大賽》，榮獲終身成就獎。

▲ 高寶玉書法作品

讓美在瞬間定格——吳連江

吳連江（1953 年-）東豐縣人。中國攝影家協會會員，美國 PSA 攝影協會會員，遼源市攝影家協會副主席，東豐縣攝影協會主席，曾任吉林省攝影家協會理事。一九七二年開始攝影創作，一九七四年，攝影作品《從小愛科學》在四平地區舉辦的美術、書法、攝影展覽中獲一等獎，同年，作品《奔向 2000 年》在吉林省科委舉辦的科技影展中獲一等獎。他將花鳥攝影與國畫融為一體，形成了自己獨特的藝術風格。作品《青竹雅韻》《秋風有意染黃花》先後入選全國第十五屆、第十六屆攝影藝術展，《鳥語花香》入選美國 PSA 攝影協會年鑑。多年來，吳連江有百餘幅作品在國際及國內各級影展中獲獎，並在報紙、畫報、雜誌發表，有十餘幅作品分別參加中國與美、日、韓、俄交流

▲ 清竹雅韻　吳連江

展並獲得好評。他還獲得「全國富士杯百家」稱號，被吉林省文聯和省攝影家協會授予「吉林省攝影四十年功臣」稱號，被遼源市委、市政府及市文聯授予「終身成就獎」，被東豐縣委、縣政府授予「東豐縣文學藝術界菁英」稱號。

▲ 爐前奮戰　吳連江

▲ 生機　吳連江

讓觀眾進入戲的角色——郭中束

　　郭中束（1954年-）長春市人，國家一級編劇，著名影視劇作家，原係東豐縣戲劇創作室編劇，現為吉林省藝術研究院編劇，享受國務院特殊津貼，吉林省首批拔尖人才，吉林省政府首批高級專家。多年來，他創作、改編了大量影視作品，並在全國各地影院上映，在央視和地方電視台播出。其中，六次（部）獲中宣部「五個一工程」獎，十二次獲「華表獎」、「飛天獎」、「優秀故事片獎」、「最佳編劇提名獎」、「戲劇文學獎」、「長白山文藝獎」、「傳媒大獎組委會獎」、「最佳劇集獎」等獎項。主要作品：電視連續劇《還鄉》《小鎮》（合作）《走過柳源》（合作）《雪鄉》（改編）《兒科醫生》（合作）《戒酒記》《一級恐懼》《謝瑤環》《西部太陽》《月色無言》（合作）《絕不放過你》《江姐》《將相和》《預謀》《法網天下》《八兄弟》《交通警察》《曬

▲ 郭中束編劇的34集電視連續劇《八兄弟》劇照

幸福》《大掌門》《山裡紅》（合作）《門第》；電影《喜蓮》（合作）《索道醫生》
《冬去春來》（合作）。在國家、省級獲獎的主要戲劇作品有：拉場戲《離婚
夫妻》（合作）；二人轉《不可思議》《西廂幽會》；戲曲《櫻桃》；話劇《大動
脈》《天誠》等。

▲ 郭中束編劇的電視連續劇《走過柳源》（合　▲ 郭中束編劇的 25 集電視連續劇《絕不放過你》
作）劇照　　　　　　　　　　　　　　　　劇照

黑土地上的「畢加索」——劉振啟

劉振啟（1955年-）吉林省東豐縣人，副研究館員，中國農民書畫協會會員，農民畫一級畫師。自一九八二年以來，他堅持農民畫創作，在國際國內參展、獲獎、發表、被收藏的主要作品有：《三寶圖》《農家巧工匠》《紅紅火火過大年》等四十餘幅。二〇一二年三月，他成功在新加坡舉辦個人畫展，其中六十餘幅作品當場銷售，引起新加坡《聯合早報》關注，著名記者吳啟基撰有《放下犁耙，改拿畫筆》的專題報導。他撰寫的論文《談現代民間繪畫的含義》在《東豐農民畫文集》發表，論文《東豐農民畫的價值研究》編入國家級叢書《中華教育理論與實踐科研論文成果選編》。

一九九四年，劉振啟首次將東豐農民畫打入北京藝術品市場，成為將東豐農民畫成功推向藝術品市場「第一人」。

二〇一〇年，劉振啟帶領的農民畫創作團隊，實現年銷售突破兩千幅的成績，五年累積銷售農民畫近一萬幅，銷售金額突破兩百萬元。

二〇一四年一月，《吉林日報》特邀劉振啟創作大型農民畫《紅紅火火過大年》，並在春節當天半版刊登。當年五月，「世界情·中國夢——中國農民畫精品暨東豐農民畫赴聯合國總部大展」期間，中央電視台著名主持人畢銘鑫親手將劉振啟創作的《金雞展翅》等作品贈給聯合國副秘書長彼德·朗斯基·蒂芬索，並拍照留念。

劉振啟主要獲獎作品：一九八五年，作品《三寶圖》參加「全國農民畫聯展」，獲得二等獎；一九八七年，作品《農家巧工匠》、《八將圖》在《中國美

▲ 鬧花燈　劉振啟

術》雜誌第一期發表，美編葛小林以此為東豐農民畫寫了專題報導《一枝初綻
的花》，擴大了東豐農民畫在全國的知名度和影響力；一九八八年，作品《農
家巧工匠》、《八將圖》獲得「中國農民書畫大賽」二等獎；一九九三年，作
品《送糧路上》獲首屆「中國農民書畫展」三等獎；一九九五年九月，作品
《晚歸》在《農民日報》聯合北京大都會美術中心舉辦的「首屆中國農民畫大
都會年獎賽」上獲優秀獎；一九九五年九月，作品《二十一天》在《中國農村
巾幗書畫展》上獲優秀獎；一九九五年十二月，《牧羊》《蜜源》《舞龍》等五
幅作品入選「中國農民畫優秀作品展」，並在《中國農民書畫優秀作品》畫冊
發表；一九九六年二月，《牧羊》《晚歸》獲中國美術家協會、《人民日報》、《美
術報》、中國農民書畫研究會聯合舉辦的「中國農民畫優秀作品展」二等獎；
一九九七年七月，作品《蜜源》《牧羊》《晚歸》在韓國參加展覽；一九九八
年五月，作品《童趣》《雪打燈》在日本展覽；二〇〇五年，《冬趣》《牧羊》《迎
春》等六幅作品在北京中國美術館展覽；二〇〇六年，作品《充電》獲「百名

▲ 快樂農家　劉振啟

農民畫家畫稅收」活動三等獎，作品《新農村》獲「第二屆中國農民書畫展」優秀獎；二〇〇八年，作品《迎春》和《金秋》分別獲得第三屆「中國農民書畫展」三等獎和優秀獎，並在畫冊發表；二〇〇九年，作品《鹿鄉金秋》《鬧元宵》被吉林省博物館收藏；二〇一〇年，作品《鬧元宵》被浙江省美術館收藏，並在「農民畫時代，時代畫農民」全國農民繪畫展上獲二等獎；二〇一一年，作品《村頭喜事》獲「中國‧義烏廉政農民畫大賽」優秀作品獎（一等獎），《舞龍》、《連年有魚》獲「中國‧日照農民書畫藝術節」佳作獎；二〇一二年，作品《歡樂農家》組畫（五幅）獲「第十四屆中國人口文化獎」二等獎，受到省、市、縣計生部門高度評價，並被多家媒體報導；《巧媳婦》獲「六合杯‧中國廉政農民畫大賽」三等獎；《關東三寶》等三幅作品獲「中國農民畫藝術節‧全國農民畫展」二等獎；二〇一三年九月，作品《多彩的六月》《回娘家》《小魚塘》在「二〇一三年吉林省旅遊商品大賽」中獲得銀獎；二〇一四年一月，作品《鹿鄉四季》在第一屆「慧鑫勝泰杯」東豐農民畫大獎賽上榮獲一等獎。

小城故事家——劉豐年

　　劉豐年（1955年-）東豐縣人，副研究館員。中國群眾文化學會會員，中國民間文藝家協會會員，中國散文家協會會員，中華詩詞學會會員，中華當代文學學會會員，中國民俗學會會員，中國故事學會會員，東豐縣作家協會主席。多年來，他發表小說、詩歌、散文、故事、曲藝等作品四百餘篇（首）。其中，在國家、省、市獲特等獎、一等獎、二等獎、星光獎、菁英獎等獎項的主要作品有：詩詞《農家小曲》《破陣子・汶川大地震》《七律・日出》《水調歌頭・人民共和國頌》等四十餘篇（首）。劉豐年還編著出版文學作品專集多部，如《關東風情・關東情》《皇家鹿苑傳說》《神州鹿苑放歌》《神州鹿苑抒懷》《神州鹿苑吟行》《中國民間故事全書・吉林・東豐卷》等；編輯文學報刊六十餘期，五十餘冊；《民間文學資料集》十四冊；《群眾文化論文集》四集，累計六百六十萬字。近年來，劉豐年獲《中國民間文學集成・吉林東豐卷》《中國民間故事全書・吉林東豐卷》《吉林省民間文學集成・東豐縣卷》等多部典集編纂工作的一、二等獎和先進個人；獲「當代國學藝術家」「全省先進群眾文化指導工作者」「東豐縣文學藝術菁英」等多項稱號。

▲ 劉豐年主編的《中國民間故事全書吉林・東豐卷》

墨香飄進千家萬戶 —— 周傳波

周傳波（1956 年-）字元羽，號犁雲齋主。河北省邯鄲市人。吉林省書法家協會理事，省書法家維權委員會委員，省考古學會會員，遼源市書法家協會副主席，遼源市道教書畫院副院長，東豐縣書法家協會主席，歷任縣文化館副館長、縣文物管理所所長，現任東豐縣文聯秘書長。

莊子曰：「大知閒閒，小知間間，大言炎炎，小言詹詹。」做學問如此，寫書作畫同樣需要廣袤的視野、深厚的學養。周傳波性格平易近人，為人淳樸友善，生性好學，自幼酷愛書法，痴迷於漢字之間的縱橫捭闔。其早年受東豐縣名師姜玉鑫老師啟蒙，後又隨賈恩國老師指點，研習書法，幾度春秋，默默苦練。這種執著，源於他對中國書法藝術的痴愛，是他內心情感的抒發。他始終認為：「書法到一定程度就是在書寫文化、書寫內在修養。書法的技巧通過平時的書寫訓練是可以達到的，但作為書法藝術最終追求的意境和神韻，則不僅需要客觀努力，更重要的是要有深厚的學養。」其學書先從北魏張猛龍碑、始平公造像入手，得其骨力；後又從趙之謙、康南海、于右任等，而得其恣肆；廣涉唐顏真卿、柳公權、歐陽詢、褚遂良，得其嚴謹法度；常習宋蘇東

▲ 周傳波書法作品

▲ 周傳波書法作品

坡、黃庭堅、米芾等，得其飄逸瀟灑氣韻；獲益於清王鐸、何紹基、近現代李瑞卿、胡小石等諸多名家，得其魂魄。

　　書法只有賦予文化內涵，它的藝術魅力才能千古流傳。周傳波喜歡直抒胸臆的創作，無論何時何地，素紙鋪展開來，濃蘸筆墨，下筆如行雲流水，神采飛揚，筆鋒上下游動，左右擒縱，點畫無一處含糊懈怠，法度盡在他的指腕之間。那流暢的線條，清秀美觀的墨跡氤氳滿紙，散發出一陣陣沁人心脾的芳香，書法藝術的魅力、神韻展示得酣暢淋漓、熠熠有神。他說：「書法的寫與法、筆與墨將中國文化內涵表達得淋漓盡致。它的種種筆法如人的坐臥、行立、揖讓、顛伏，各盡意態，但它們既相互矛盾又彼此映襯協調。」通過這種不同節奏感的書寫表達，周傳波的書法作品生動、自然，讓人回味無窮。這往往是一種緣分，回首走來一路，星月相伴踐行，只問耕耘不問收穫，卻從書法藝術中體會到了人間甘苦冷暖。深知學書之艱辛，主張厚積薄發水到渠成，願以「書奴」自居，足矣……

近年來，周傳波受省市書協之邀，多次參與部分省市書展活動，曾參與：吉林省首屆「群星書畫大展」，兩幅作品獲榮譽獎；在吉林省「萬幅春聯」大賽中，連續五年獲一、二等獎；在「吉林省黨政幹部書畫千人大賽」上獲銀獎；「全省第二屆臨帖（碑）大賽」獲一等獎；在「慶『十五大』遼源市美術書法攝影作品展覽」中獲組織獎、一等獎；在「遼源市『紀念中國共產黨建黨八十五週年、紅軍長征勝利七十週年』書法美術攝影作品大賽」中獲特等獎、一等獎；在遼源市全市反腐倡廉優化環境書畫展暨「聯通杯」書畫大賽中獲一等獎；在遼源市「迎建城百年」春聯、剪紙展中獲一等獎；在二〇〇九年東豐縣舉辦的建國六十週年系列活動中，成功舉辦個人書展；為縣內題寫牌匾、碑文百餘件；多年來，在「送春聯下鄉」活動中，書寫春聯近千幅。二〇〇〇年，周傳波被縣委、縣政府授予「東豐縣文學藝術菁英」稱號；二〇一四年，被縣委、縣政府授予「東豐文化名人—書畫十傑」。

▲ 周傳波扇面作品

紮根山鄉三十載畫出精彩人生——李子軍

　　李子軍（1956 年-）副研究館員，中國農民書畫研究會會員，東豐縣農民畫研究會理事，東豐縣農民畫院特級教師。一九八二年以來，組織輔導業餘作者創作農民畫四百二十幅。其中，參加國際畫展十四幅，國家至縣級畫展一〇九幅，獲獎四十三幅；在各級報紙雜誌發表二十八幅；入選國家至縣級畫冊十四幅。多年來，李子軍創作了大量農民畫作品，大多在國家、省、市畫展中獲獎或在各級各類刊物上發表、入編畫冊。主要作品有：《金龍盤玉柱》《豆腐官》《春》等二十五件。二〇一三年十一月，李子軍被吉林省文化藝術界聯合會、吉林省文化廳、

▲ 東北山寶　李子軍

▲ 雞鳴小康曲　李子軍

吉林省民間文藝家協會授予「民間文化藝術優秀人才」榮譽稱號。

　　一九八五年三月，吉林東豐縣、陝西戶縣、上海金山縣三縣農民畫聯展在北京中國美術館展出。李子軍農民畫《金龍盤玉柱》《豆腐官》《春》等三幅作品參加展出。其中，《豆腐官》在《農民日報》上發表，《金龍盤玉柱》在《中國日報》外文版發表。同年，農民畫《金龍盤玉柱》參加「吉林省群眾美術作品展覽」，榮獲二等獎，並在《吉林日報》《吉林科技報》上發表，榮獲東豐縣農民畫優秀作品獎。李子軍與他人合作的《八匠圖》，在國家級刊物《美術》雜誌上發表，並有評語，受到中國美術家協會葛小林主任的好評。近年來，李子軍農民畫《八匠圖》《覓食》《金雞滿架》等三件十幅作品參加「加拿大春季友誼杯農民畫聯展」。《一年四季》參加吉林省民間美術作品展覽，並榮獲「遼源市民間美術展覽」優秀作品獎。農民畫《甜》《哨青》《打糕》等三幅作品，入選「吉林省赴日本民間美術展覽」展出。農民畫《哨青》在

《吉林日報》上發表，農民畫《三九天》在「首屆中國農民畫展賽」中榮獲繪畫優秀獎。農民畫《三九天》《做豆腐》《東北三寶》等三幅作品入選《關東情》農民畫冊。農民畫《綠色的銀冬》入選「東豐縣建縣一百週年《畫鄉風采》農民畫」專輯。農民畫《綠色的銀冬》《胖娃娃》等兩幅作品參加「第三屆中國農民畫大展暨千兆杯書畫大賽」。其中，《綠色的銀冬》榮獲優秀獎。農民畫《悔》、《森林衛士》等兩幅作品參加東豐縣「工商杯」反腐倡廉畫展。其中，《悔》榮獲二等獎。

二〇〇八年，李子軍農民畫《防蛀大軍》《悔》入選《廉政遼源、和諧遼源》書法、美術、攝影展優秀作品集畫冊。

二〇〇九年，李子軍農民畫《情趣》參加省級美術展覽，並入選《中國農民畫之鄉——東豐農民畫》畫冊，農民畫《村頭電影》《黨的政策暖人心》參加縣「廉政文化月」反腐倡廉書法、美術、攝影展覽，《黨的政策暖人心》榮獲農民畫二等獎。

二〇一〇年，中國文聯、中國美協在浙江美術館舉辦「農民畫時代書畫展」，李子軍有四幅作品入選。農民畫《三九天》入選《農民畫時代》畫冊，農民畫《金雞滿架》在「南京·六合『來自畫鄉的報告』畫展」上展出，並榮獲三等獎，入選《來自畫鄉的報告》畫冊，並被浙江美術館收藏。

二〇一一年，《悔》入選「中國·義烏廉政農民畫大賽」優秀獎作品集。

二〇一二年，《龍鳳呈祥》在「山東日照農民畫藝術節」上，榮獲佳作獎。農民畫《幸福生活》在「南京·六闔第三屆中國農民畫展」上獲優秀獎。二〇一四年五月，農民畫《金雞滿架》《鹿鄉美》等兩幅農民畫作品被選送到美國紐約聯合國總部展出。

讓美妙音符在指尖上流淌——田士權

田士權（1956年-）通化市人，中國音樂家協會會員，中國社會音樂研究會會員，吉林省音樂家協會會員，遼源市音樂家協會副主席，現為遼源市戲劇創作室副主任。國家二級作曲家。

田士權自幼酷愛音樂，在遼源市鐵路職工子弟小學讀書時便是學校毛澤東思想戰宣隊的骨幹，擅長笛子、二胡、板胡、小提琴、手風琴、小號、鋼琴等多種樂器。一九七四年七月，他上山下鄉插隊到東豐縣一面山公社小陽二隊，是年九月被調入東豐縣文工團工作，曾做過相聲演員、話劇演員、器樂演奏員等工作，在此期間還為單弦、二人轉等曲藝節目編曲。一九七八年，調入東豐縣師範學校任教，先後培養兩屆音樂班七十餘名學生。一九八〇年，調入遼源市群眾藝術館工作。一九八一年，師從郅全、王衛東老師，在中央樂團學習鋼琴；一九八四年，以優異成績考入吉林省藝術館音樂幹部班作曲專業；一九八九年，畢業於北京人文函授大學群眾文化管理系。

田士權多年從事音樂創作、製作等工作，有三十餘首歌曲被報刊、電台、電視台選用。一九九五年，他為遼源電視台八個新欄目製作片頭音樂十首，其

▲ 田士權在「吉林·松花江合唱藝術節」上演出

▲ 田士權在遼源市建黨九十周年音樂會上伴奏鋼琴曲

▲ 田士權用電子琴為社區群眾伴奏

中部分欄目音樂沿用至今；一九八二年至一九八七年，他多次與東方歌舞團、中國輕音樂團合作，赴江蘇、黑龍江、遼寧、福建等地演出，擔任電吉他、電子琴演奏員和鋼琴調律師等工作。

田士權多年從事鋼琴教學、輔導工作，多名學生考入中央民族學院音樂系、東北師大藝術系、吉林藝術學院、瀋陽音樂學院等專業院校。

他多次參與國家、省、市舉辦的大型文藝演出活動並取得成績。一九八一年，組織輔導並擔任鋼琴伴奏參加由文化部舉辦的「紅五月」歌詠大賽，獲三等獎；一九八二年，參加吉林省「保險杯」青年歌手大賽，歌曲《我從遼河岸邊走》獲創作獎；一九八四年以來，參與組織遼源市《龍山音樂會》，擔任評委等工作，歷屆演出他創作的歌曲均獲獎（現已舉辦 16 屆）；一九八七年，協助共青團遼源市委、遼源市青聯組織十五場獻愛心歌舞晚會。一九八九年，參與策劃遼源市就業局組織的「遼源市第一屆文藝會演」；一九九〇年，參加吉林省文化（藝術）館幹部技能大賽，歌曲《黨的光輝照千秋》獲創作二等獎；一九九一年以來，組織學生參加《吉林省少兒器樂大賽》，榮獲歷屆優秀

▲ 田士權（二排中）在吉林省第四屆「長白之聲」合唱節上與合唱團演員合影

輔導教師獎（現已舉辦 8 屆）；一九九七年，遼源電視台在《家鄉人》欄目以「音樂人——田士權」為題，製作專題電視片播出；一九九九年，遼源人民廣播電台以《兒童藝術教育》為題，製作專題採訪並在全市播出；一九九九年，在「慶祝建國五十週年吉林省舞台藝術展演」中，創作的兒童劇《賢娃——少年鄧小平》獲音樂創作二等獎；二〇〇一年，組織參與「全國業餘音樂考級比賽」，擔任鋼琴考級比賽評委並獲吉林省賽區優秀輔導教師獎；二〇〇四年，創作的歌曲《創業之風吹起來》，在中共遼源市委宣傳部「衛校杯」全民創業徵歌活動中，榮獲二等獎；《全民創業之譜新篇》在中共遼源市直屬機關第二屆文藝會演中榮獲創作獎；二〇〇八年，為市春晚創作、製作《五鼠大拜年》音樂，為東豐縣春晚創作、製作《和諧歡樂中國年》、《故鄉情》，為龍山區春晚創作《愛在花海》《梅花吟》；二〇〇九年，在「全國優秀流行歌曲創作大賽」吉林省賽區評獎活動中，《親親歌》獲入圍獎，在吉林省文化廳組織的「社會藝術水平考級」活動中，獲得優秀指導教師稱號；二〇一〇年，出版戲劇文集《放歌遼源》，創作的歌曲《永恆的誓言》《中華兄弟》參加全國歌曲創作大賽，獲得好作品獎；二〇一一年，他創作的歌曲參加「吉林·松花江合唱藝術節」、「吉林省第四屆長白山合唱藝術節」均榮獲一等獎；《美麗的遼源我的家》參加「第十五屆全國中老年合唱藝術節」獲銀獎，在「吉林省第六屆長白山合唱藝術節」比賽中，獲一等獎；二〇一三年，廉政歌曲《為民當清官》獲全省廉政文化「五個一」精品創作工程三等獎，在全國優秀流行歌曲創作大賽活動中，歌曲《親親歌》《太陽·月亮》獲入圍獎；二〇一四年，參加「吉林省精品歌曲大賽創作」，歌曲《煮毛豆》入選。在長春市音樂家協會編輯出版的《吉林省優秀歌曲作品集》中，發表了四首歌曲：

《煮毛豆》——萬磊峰詞，張愛群、田士權曲；

《中華兄弟》——張相詞，田士權、張愛群曲；

《太陽·月亮》——侯耀忠詞，愛群、士權曲；

《咱的陽光》——趙廣忠詞，田士權曲。

紅梅花兒開──符豔華

符豔華（1958 年-）女，東豐縣人，國家二級演員。一九七六年考入東豐縣文工團，任演員。在評劇《江姐》中扮演主角江姐，一曲「紅梅花兒開」，讓觀眾折服。一九七八年七月，東豐縣在文工團基礎上恢復重組縣評劇團後，符豔華主攻青衣行當。符豔華表演風格細膩大方，唱功圓潤清脆，尤其是悲劇角色獨見功力。在《白蛇傳》《民警家的賊》《楓葉紅了的時候》《白卷先生》《於無聲處》《誰之罪》《家庭公案》《飛吧，海燕》等八個大型評劇劇目中擔任主要角色。一九八四年，東豐縣評劇團與地方戲劇團合併以後，符豔華以表演二人轉、拉場戲為主，並取得突出成績。

▲ 符豔華演唱的二人轉《風流誤》

一九八七年，她表演的二人轉《名妓與皇帝》，在「吉林省第 6 屆二人轉新劇目觀摩評比暨推廣會」上，獲表演二等獎。

一九八八年，她表演的二人轉《小車上路》，在「吉林省第 7 屆二人轉新劇目觀摩評比暨推廣會」上，獲表演二等獎。

一九九〇年，她表演的二人轉《裸女風流》，在「吉林省第 9 屆二人轉新劇目觀摩評比暨推廣會」上，獲表演二等獎。

一九九四年，她表演的二人轉《刁婆傳》（上下部），在「吉林省第十二屆二人轉新劇目觀摩評比暨推廣會」上，獲表演二等獎。

▲ 符豔華扮演的《江姐》

一九六年，她表演的二人轉《風流誤》，在「吉林省第十三屆二人轉新劇目觀摩評比暨推廣會」上，獲表演二等獎。

▲ 符豔華在二人轉《鋸大缸》中扮演的女主角

嗩吶震天響──楊占德

楊占德（1958 年-）吉林省梨樹縣郭家店鎮人，國家二級演奏員。東豐縣戲劇家協會主席，曾任梨樹縣文工團伴奏員，東豐縣評劇團伴奏員、副團長、團長。嗩吶技藝精湛，在中阮、打擊樂、配器、作曲、樂隊指揮幾方面也頗有造詣。他主持劇團工作期間，劇團連年榮獲吉林省文化廳「上山下鄉」先進單位；本人多次在吉林省二人轉會演等賽事中獲指揮、配器、編曲獎。曾被評為「東豐縣精神文明先進個人」，獲國家藝術學科重點科研項目獎。

楊占德一九七六年參加工作，多年來，他不斷加強學習，提高自身的思想政治素質和文化素質，潛心鑽研業務技能。一九八七年，他被評聘為國家三級嗩吶演奏員；二〇〇六年，被評聘為國家二級嗩吶演奏員。他先後在劇團擔任樂隊隊長、業務團長、團長兼黨支部書記。楊占德在擔任東豐縣劇團領導期間，創造性地開展日常工作，為劇團的生存與發展盡心儘力。為謀求劇團的發展，走國企聯合的改革之路，先與「碧洲」啤酒廠聯合，後與演出經濟人聯合開發演出市場，先後到吉林省內的大部分市縣和遼寧省的新賓、新民等縣市，

▲ 楊占德主持編導的吉劇《斷臂姻緣》

▲ 楊占德主持編排的二人轉《王熙鳳戲賈瑞》

北京市周邊的縣區演出近千場，創利近
五十餘萬元。他不斷增加和改善劇團的
硬件設備，先後開發辦公樓、排練廳、
演員宿舍、家屬住宅樓、車庫，先後購
置了下鄉演出專用車四台，添置了現代
化的專業演出燈具及調光設備，購置了
專業的演出音響及調音設備、演出伴奏
用的樂器及演出服裝、道具等。開創了

▲ 楊占德在北京演出嗩 獨奏《慶豐收》

硬件設備從無到有、以舊更新的新局面，改變了劇團的生存環境和條件，為劇
團的長足發展打下了堅實的基礎。作為劇團的主要領導，他與劇團領導班子齊
心合力開展工作，不斷開拓新思路，謀求劇團的生存與發展，潛心開發新劇
目，傳承老劇目。為了適應當時演出市場，先後自編、改編劇目幾十個，如情
景劇、小品、二人轉、歌舞等。特別是自編的小品《師生情》《家長 ABC》《鬧
豬場》《仙人指路》《紅領巾》《上梁下梁》《牛事生非》等，在演出中都獲得
了各地觀眾的好評。其中，由楊占德編曲與配器樂的二人轉《一枚戒指》，在
參加吉林省二人轉會演中獲優秀配器樂獎，此劇目參加全國二人轉會演獲得綜
合演出二等獎。二人轉《風流誤》參加全省二人轉會演獲編曲二等獎。楊占德
編寫演奏的曲調《小替音》等五條，被《中國曲藝音樂集成·吉林卷》編撰並
演奏（唱）收錄。《小替音》一九九五年參加第三屆全國二人轉觀摩演出，榮
獲伴奏指揮一等獎。

　　多年來，作為劇團的總指揮、總策劃者，楊占德先後組織策劃了《建縣百
年》《首屆鹿鄉文化節》《紅旗頌》《希望之聲》《平安東豐》《廉政之聲》《校
園鐘聲》《莫負春光》《崇尚科學、遠離迷信》及東豐縣各種宣傳演出和春節
聯歡晚會專場演出五十餘台（場）。組織參加遼源市《龍山音樂會》、吉林省
二人轉會演、東北三省二人轉會演、全國二人轉會演，三十多個劇目獲各門類
一、二、三等獎及優秀演出獎。

楊占德在擔任東豐縣劇團團長期間，還組織趕拍了多部反映鹿鄉文化方面的二人轉、拉場戲、小品，每個劇目都給觀眾留下了深刻印象。多年來，他帶領劇團送戲下鄉，把群眾喜聞樂見的劇目送到田間地頭。他多才多藝，在劇團內，既是領導，又是指揮，還擔當演員、演奏員。他的嗩吶演奏，在省內外小有名氣，多次參加省內外會演，並獲獎。

精彩藝術人生——丁輝

　　丁輝（1960年-）女，東豐縣猴石鎮人。中國舞蹈家協會會員，吉林省舞蹈家協會會員，曾在東豐縣地方戲團和評劇團當演員。在劇團期間，她以表演二人轉為主，演出的劇目《姜須搬兵》《豐收橋》《夫妻爭燈》《包公賠情》《二大媽探病》等，曾獲得「吉林省二人轉會演」優秀表演獎，演出劇目被省廣播電台錄製播出。二十世紀八〇年代中期，丁輝調到教育部門工作，從教三十多年來，為專業藝術院校輸送了三百多名優秀學員，並創作編導了大量少兒、成人歌舞節目，在國家、省、市大賽中獲金、銀等項獎；二〇一一年，她將「香港第7屆世界華人青少年藝術大賽」吉林賽區請到東豐，陽光藝術學校獲二十三項金獎、十項銀獎。她撰寫的《兒童舞蹈基本功練習》等多篇論文在省級刊物上發表。她編導的五百人大型歌舞，在二〇一三年東豐縣全民運動會開幕式上表演，之後又參加了「遼源30年市慶」演

▲ 丁輝導演的千人大合唱《紅歌會》

▲ 丁輝編導的大型團體操《祝福祖國》

出，受到廣泛好評。陽光藝校和神鹿藝術團連續多年到當地駐軍慰問演出，新中國成立軍報曾以《讓愛領舞》為標題，報導過她的先進事蹟。

一九九〇年七月，丁輝創作編導的舞蹈《山妞妞》，參加「吉林省少兒舞蹈大賽」獲得銀獎；一九九三年，創編的舞蹈《我是草原的小牧民》、《小狗乖乖》，獲吉林省「新苗杯」少兒舞蹈大賽金獎；一九九四年，她創編的舞蹈《中國功夫》，獲「吉林省少兒舞蹈大賽」金獎；一九九五年，她的學生李京師參加吉林衛視「天翼擂台賽」，獲擂主稱號；一九九六年，她的學生鄒郝參加吉林衛視「江山大擂台賽」，連獲三期擂主。同年九月，在「吉林省農教會第二次會員大會暨第七屆學術年會」文藝會演中，她編導的舞蹈《閃閃的紅星》等三個節目均獲一等獎；一九九七年，她創編的舞蹈《山裡娃》《喜妞妞》在吉林省「喜迎香港回歸」文藝會演中獲金獎；二〇〇〇年，在吉林省舞蹈大賽中，她編導的舞蹈《剪紙姑娘》《和諧頌》獲金獎。同年，在「遼源市第二屆中小學生藝術節」上，她編導的舞蹈《春曉》《彩雲追月》獲一等獎。

一九九一年，她創辦東豐縣陽光藝術學校，任校長。多年來，陽光藝術學校培養和為藝術院校輸送了幾千名的優秀藝術人才。這些藝術人才先後多次參

加國內、國際大賽，取得了優異的成績。她的學生吳萌萌參加中央電視台「星光大道」獲第二名，並在新編電視劇《紅樓夢》中擔任角色。

　　陽光藝術學校連續十五年參加東豐縣春節聯歡晚會。丁輝一直擔任春晚的策劃和執行導演。二〇一一年十月，丁輝利用業餘時間組建了東豐縣神鹿藝術團。每年從四月到十月，只要天氣允許，每天晚七點在南照山濱河廣場組織健身舞和大合唱活動，每次都有上千人參加。二〇一三年七月，舉辦了「慶祝建黨九十週年千人廣場紅歌演唱會」，五千多人參與了演出。從五歲的娃娃到七十多歲的老人，都積極加入到大合唱活動中來，全年參加活動的人數達到了二十萬人次。東豐縣神鹿藝術團還積極參加各級文藝演出活動。二〇一二年十月，參加了遼源市舉辦的「歡度重陽節、喜迎十八大」文藝會演，並獲得會演第一名。二〇一三年，參加「遼源市三十年市慶」活動，演出了大型歌舞《大麗花，我心中的花》。二〇一四年春節前，東豐縣舉辦中國農民畫頒獎晚會，丁輝成功策劃、編導了這台節目，這台節目作為中央電視台春節晚會的外景地進行了展播。

▲ 丁輝導演的歌舞《鹿鄉頌》

紮根黑土地的知名作家——王玉君

　　王玉君（1962 年-）東豐縣人。中國農民書畫研究會會員，中國民間文藝家協會會員，中華當代文學學會會員，中國民間文學創作協會會員。

　　近年來，有《東豐農民畫的起源》《東豐農民畫的特點》《關東奇葩——東豐農民畫》《東豐農民畫的展望》《關於東豐農民畫的市場定位》《關於東豐農民畫的產業方向》《關於鹿鄉文化研究》《鹿鄉文化之探討》《開發鹿鄉文化，弘揚民間藝術》《鹿鄉文化之我見》《鹿鄉文化的開發與傳承》等多篇關於東豐農民畫和鹿鄉文化的論述，在國家和省級報刊上發表，並被收錄進多本專輯中。

　　一九八〇年，他開始文學創作，先後在國內數十家報刊發表文學作品二百餘篇（部），五百多萬字，被譽為紮根黑土地的知名作家。短篇小說《老紀》在一九九九年慶祝建國五十週年「金土地杯」全國徵文大賽中，榮獲二等獎；二〇〇八年，小小說《難住了》在全國「中華杯」小小說大賽中，獲二等獎，並作為特邀代表，出席了在遼寧省興城市舉行的頒獎儀式。代表作有：百字小說《拓聘》（《中國作家報》）《超生》（《農民日報》）《小芹》（《吉林日報》）等。二〇〇三年，根據發生在東北某山村的故事為素材創作的長篇小說《桃花命》，通過描寫馬家兩代人的愛情悲歌，生動地反映了那個年代東北某偏僻農村婦女的悲慘命運。書中對白二丫、巧巧兩個農村婦女

▲ 王玉君獲得的「金土地杯」

被一個男人霸占後的生活、心態，進行了著意刻畫，讓讀者心酸流淚。白二丫的女兒馬蓮、巧巧的女兒英美，她們的命運比上輩人還糟，她們一而再、再而三地被男人引誘騙奸，身心遭受了嚴重摧殘，姐妹倆開始墮落，生活放蕩。該部長篇小說經過三年的創作，三易其稿，於二〇〇五年八月由香港天馬

▲ 王玉君小説作品集

出版有限公司出版發行，並在香港舉行首發式。小說一面世，即受到讀者熱捧。之後，作者又相繼創作出版了《水命》《土命》《金命》三部長篇小說。《水命》是描寫東北某偏僻山村——周家堡子村的一代人愛情故事。文中主人公周丙山、馬巧巧、李八子、王曉娟、趙老七、李秀秀、趙玲玲等這些普普通通的農民，在那個年代，為追求愛情，不惜付出青春的代價。故事情節曲折，主人公個性突出，可讀性強，文筆優美流暢。由於貼近生活，彷彿這個故事就發生在讀者身邊。最近出版的《金命》，是一部描寫一對兩姨姊妹被騙到深圳後，遭遇不同命運的長篇小說。尤其重點對草兒的悲慘命運進行了翔實記錄。書中人物性格突出，故事聯貫，可讀性強，部分章節還採用了白描和記述的手法，使整個故事更具有真實性。書中對鋤槓、五丫、二柱子、樹根、樹皮、枝兒、簸箕等東北農村一群人物的刻畫，頗具代表性。這些人物的特點，讀者讀後躍然眼前。四部長篇小說，亦是「姊妹篇」，可讀性強，吸引了成千上萬讀者的眼球。長篇報告文學《沉浮人生》在省內外很有影響力。結集出版的《王玉君小小說集》收集了作者近十年創作的優秀小小說和獲獎小說一百多篇；《王玉君紀實小說集》共收集了作者多年根據現實生活中真人真事改編的小說五十多篇，讓讀者愛不釋手。另外，還出版了《王玉君文集》（一、二、三、四、五、六卷）。三十多年來，王玉君編撰、創作的作品書稿已達兩米高。

梨園新豔—— 梁新豔

　　梁新豔（1962 年-）女，東豐縣人，國家一級演員，吉林省二人轉藝術家協會理事。梁新豔一九七九年參加工作，一九八六年調到東豐縣評劇團。出生於藝術世家的她，受家庭環境的薰陶，從小就喜歡唱歌、跳舞。由小學到中學都是學校宣傳隊的骨幹隊員。一九七九年，初中畢業的梁新豔夢想成真，以優異的成績考入了吉林省梨樹縣吉劇團，開始了她的藝術生涯。

　　她沒有忘記父母對她的「台上一分鐘，台下十年功」「不吃苦中苦，難得甜上甜」教誨，刻苦訓練。每天雞叫起床，「咿咿呀呀」練發聲，壓腿、下腰，練戲曲身段功。機會總會眷顧肯於付出辛苦之人。一九八三年，在吉林省主辦的吉劇會演中，她代表劇團參賽的劇目是吉劇《晴雯傳》，劇中飾演賈寶玉，獲得表演一等獎和優秀唱功獎兩項殊榮。一時間，梁新豔的名字在當地可

▲ 梁新豔（右）在《紅樓夢》中飾演賈寶玉劇照

以說是家喻戶曉。她乘勢而上，對表演藝術進行更高層次的探索和追求，先後在吉劇《桃李梅》《狸貓換太子》《包公趕驢》《斷臂姻緣》《姊妹易嫁》《鄰居》，現代評劇《三約湖心亭》、評劇《小女婿》等不同劇目中，飾演了不同歷史時期、不同年齡身分的主角。她深厚的藝術功底，完美地展現了對於劇中人的理解與把握，得到了觀眾和專家的一致好評和讚譽。

一九八六年，梁新豔調到東豐縣評劇團工作，還未來得及熟悉團裡的環境，甚至連團裡的同事還沒有認全，就全力以赴投入二人轉《鳴鳳怨》的排練，該劇目在一九八七年「遼源地區二人轉會演」中，一枝獨秀，榮登榜首，獲表演一等獎；在同年舉辦的省二人轉會演中，獲綜合演出三等獎。一九九〇年，她又有機會表演了一回評劇，在東豐縣評劇團排演的大型現代吉劇《江姐》中飾演江姐，該劇在縣內演出四十餘場，在廣大群眾中產生了巨大反響，深受群眾的喜愛，也讓她美美地重溫了一下戲劇夢。一九九二年，她表演的二人轉《婚姻變奏曲》在省二人轉會演中獲得了表演二等獎；一九九五年，她表演的二人轉《一枚戒指》獲「全國二人轉會演」表演二等獎；一九九六年，她表演的二人轉《老兩口賠情》獲省會演表演一等獎；一九九八年，她表演的二人轉《豬八戒下南洋》獲省會演表演二等獎。二〇〇〇年五月，梁新豔被東豐縣委、縣政府授予「東豐縣文學藝術界菁英獎」。

梁新豔的努力得到了回報，在多年的時間裡可以說是碩果纍纍，但她不驕

▲ 梁新豔二十年前演出劇照

▲ 梁新豔十五年前演出劇照

不躁，一直進取努力著。她是個有心人，經常細心揣摩二人轉藝術的表演特點，苦練基本功，除了吉劇、評劇、拉場戲、二人轉，她表演過的小品也被觀眾所喜愛。她表演的小品《上梁下梁》《鬧豬場》都得到了觀眾的好評。特別是小品《在路上》，參加二〇一一年「吉林省第五屆二人轉‧戲劇小品藝術節」會演，獲得表演一等獎、導演三等獎。二〇一三年，小品《在路上》，又獲得「東北三省首屆農民藝術節」表演一等獎、導演一等獎。

▲ 梁新豔在吉劇《鳴鳳怨）中扮演的女主角

梁新豔性格平和，為人處事低調而且不張揚，她那心平氣和的優雅氣質顯得平易近人。從參加工作至今，梁新豔一直活躍在藝術表演舞台上，而且在實踐中她十分注意向京劇、評劇、黃梅戲、民歌、舞蹈等藝術形式汲取營養，博采眾長，融入二人轉的表演藝術之中，逐漸形成自己的表演與導演風格。

二〇一三年，東豐縣藝術團有限公司參加「吉林省第六屆二人轉戲劇小品藝術節」，她表演的拉場戲《買雞送雞》獲表演一等獎；她導演的二人轉《宋江殺惜》獲導演二等獎；她導演的小品《捉賊》獲導演二等獎。

三十餘載舞台春秋的艱苦跋涉和辛苦耕耘，使梁新豔的藝術人生大放異彩。

一枝紅杏綻凝香 —— 李曉華

李曉華（1962年-）女，遼寧省西豐縣人，國家二級演員。遼源市二人轉藝術家協會會員。在西豐工作期間，曾與著名藝術家趙本山「一副架」表演二人轉。自一九八〇年起，她先後在遼寧省西豐縣地方戲劇團、吉林省東豐縣評劇團當演員，在二人轉演唱方面頗有造詣，嗓音圓潤，韻味十足，扇子功、絹子功最為見長。李曉華從小就愛好文藝，愛唱愛跳，每當有劇團演出，哪怕十幾里山路也要去看。父母看她愛好文藝，在她十六歲時，就託人給她認了一位師傅，學了三年。經過師傅的音傳身教，她的藝術造詣得到了極大提高。通過幾年的實踐演出，她也積累了不少舞台經驗。一九八〇年一月，李曉華終於考入了遼寧省西豐縣地方戲劇團。在新的環境裡，她的藝術生涯有了新的提高，並結識了一些良師益友。尤其是與趙本山在一起合作。本山大哥的詼

▲ 一九七九年，李曉華（左一）與二人轉搭檔趙本山（中）等合影

▲ 一九八九年，李曉華演出的拉場戲《秦雪梅弔孝》（前排左一為李曉華）

諧風趣，臨場發揮，給她留下了深刻的印象，她也從中汲取了不少寶貴經驗。當時，李曉華與著名藝術家趙本山「一副架」，演出的二人轉《雙鎖山》《小姑賢》《包公斷後》等多個劇目，在當地非常走紅。二人成為黃金搭檔。

　　到東豐以後，李曉華是劇團的主要演員。一九八四年，她演出的二人轉《雙鎖山》獲「遼源市二人轉會演」表演一等獎；一九八七年，演出的二人轉《時遷偷肉》獲「遼源市二人轉會演」表演一等獎；一九八五年，演出的單出頭《孟姜女哭長城》獲「吉林省‧1985年二人轉新劇目觀摩評比暨推廣會」綜合三等獎；一九九〇年，演出的二人轉《小寡婦上墳》獲「吉林省1990年二人轉新劇目觀摩評比暨推廣會」綜合三等獎；一九九四年，演出的二人轉《刁婆傳》獲「吉林省一九九四年二人轉新劇目觀摩評比暨推廣會」表演二等獎；一九九八年，她演唱的民間小調《小上墳》獲「國家藝術學科重點科研項目」獎，《遼源日報》曾經發表文章《採訪青年演員李曉華》，介紹其事蹟；二〇〇五年，她演出的二人轉《仙人指路》，榮獲「榆樹杯」吉林省第二屆二人轉表演二等獎；二〇〇七年，演出的二人轉《昨日夫妻》榮獲「吉林省第三

▲ 1992年李曉華在二人轉《刁婆轉》中飾演刁婆

▲ 李曉華在省電視臺演出劇照　　　　　　▲ 李曉華在省電視臺演出劇照

屆二人轉會演」表演三等獎；二〇一三年，在「吉林省第六屆二人轉戲劇小品
藝術節」上，李曉華表演的二人轉《宋江殺惜》，獲表演二等獎。她如一枝紅
杏，在舞台上綻放凝香。

　　如歌歲月梨園曲，
　　舞步輕盈走人生。
　　身眼手法唱念打，
　　鑼鼓明月伴笑聲。

　　李曉華常常望著遠方的山，望著湛藍的天，心緒隨著藍天上的朵朵白雲，
向遠方飄去。
　　李曉華說，自己對藝術的追求永無止境。

黑土地上的農民畫家──趙廣賢

趙廣賢（1963 年-）女，東豐縣南屯基鎮紅鄉頭村人。中國美術家協會吉林分會會員，中國農民書畫研究會會員，東豐縣農民畫研究會理事。一九七九年學習繪畫，一九八一年開始農民畫創作，幾十年來共創作各類作品近千件。其中，《農家四美》（之一）《科學家的希望》《關東三寶》《莊稼人進城》等二十餘件作品在肯尼亞首都內羅畢、中國民族博覽會民間美術大展等國內外展賽中展出並獲獎。《關東女人》《茶餘飯後》《九九黃牛遍地走》等三十餘件作品被中外知名美術館和博物館收藏。《孩子們的心願》《農家美》等六十餘件作品在《人民畫報》《中國文化報》等十九種報刊上發表。年過半百的趙廣賢，家裡種十多畝玉米。幹起農活來，她一點兒不含糊，插秧、打藥、收莊稼，樣樣都行，骨子裡透著東北農村婦女「風風火火」的性格。然而，拿起畫筆，她卻像變了一個人，安靜而細

▲ 夯歌　趙廣賢

膩。趙廣賢粗糙的手握著畫筆，在紙上認真描繪，不一會兒，一幅農民畫便展現雛形。「我畫的是秋收的場景。」在趙廣賢的畫裡，金燦燦的田地與五彩的叢山相映成趣，猶如童話世界。趙廣賢當年是在同村農民畫家李俊敏的帶動下，加入農民畫創作隊伍的。「開始跟人家學畫畫是圖個消遣，現在畫畫已成為生活中不能少的一部分。」她說。趙廣賢介紹，一幅十六開紙大小的農民畫，除去前期構思時間，四五天便能畫完。這樣一幅畫，一般能賣幾百元，好的作品甚至能賣上千元，收入十分可觀。「農閒時動動筆頭，就能賺上幾萬元。」如今，趙廣賢已是全國知名農民畫家，她的農民畫，從不愁銷路。

▲ 美好的回憶　趙廣賢

濃墨重彩寫華章 —— 暴俊東

暴俊東（1964 年-）字龍飛。東豐縣大頂山人，中國書畫藝術家，華夏書法藝術學術研究中心研究員，吉林省書法家協會會員，遼源市書法家協會理事，東豐縣書法家協會副主席，東豐縣詩詞楹聯學會名譽副會長。

自幼喜愛書法、繪畫藝術，師承古法，汲取諸多名家所長，並努力學習諸體及當代名家精華，潛心翰墨丹青至今三十餘載。書法功於行、草，繪畫專於國畫、漫畫。學書遵古融今，其楷書從唐柳入手，後研習顏、趙，行草書，主攻王羲之、米芾、張旭、懷素、孫過庭、黃庭堅、王鐸、張瑞圖等，隸書追學張遷碑、石門頌、西狹頌等，篆書取法鄧石如等，碑中寓帖，廣收博取，持之以恆，筆耕不輟，漸脫稚嫩之氣。崇尚「無須故作驚人筆，寫得性靈品自高」的書學理念，取法高古，得其精髓。近年多

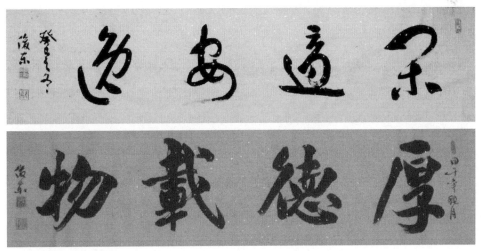

▲ 暴俊東書法作品選

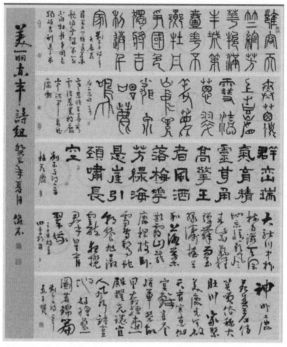

▲ 暴俊東書法作品選

有變法，碑中寓帖，方峻挺拔中含清新靈動。其用筆方中寓圓，剛柔相濟，中側兼施，筆筆有力，字字見功；結體開合有變，天然成趣，雄渾博大；通篇血脈暢達，精神飛揚。其書重法度，講情性，主創新。在廣泛拜師交友基礎上，初步形成以行草為主的流暢而含筋骨之書風。

一九八二年起，從事中學書法美術教學工作。在教學中，精心傳授書畫技藝，注重培養學生情趣，八年中為各級各類藝術院校培養輸送書畫特長生七人。在此基礎上，積極探索書畫教育教學方式方法，並潛心業餘書畫創作。一九八六年，獲全縣美術教學公開課一等獎；一九八七年，國畫作品《攀登》獲遼源市教師書畫展二等獎，漫畫作品獲遼源市「保險杯」金獎。曾在《人民日報——諷刺與幽默版》發表漫畫作品《一張選票》，在吉林省委《黨務工作手冊》雜誌發表漫畫作品《招「帶」》，在其他雜誌發表漫畫作品數十幅；在《中國書畫報》、《遼源日報》發表書法作品十餘幅。近年來，共有七十餘幅書法

作品在省內外書畫展中入展、獲獎。其中，在吉林省科學技術協會舉辦的書畫展中獲銀獎；在山東省日照市舉辦的「全國首屆農民書畫展」上，獲佳作獎；在遼源市舉辦的各類書畫展中均獲二、三等獎。

二〇〇五年，從事宣傳文化工作以來，致力於推動全縣文化藝術事業發展，組織全縣書畫愛好者，堅持以弘揚社會主義核心價值觀為題材，以廣大人民群眾為中心的創作導向，深入挖掘本地歷史文化資源，積極作為，深入生活，精心創作出一大批思想性藝術性觀賞性較強、地域特色濃郁、鄉土氣息濃厚、民俗風情濃烈的書法美術作品，多幅書畫作品在國家、省、市級各類大展中入展，並獲獎。多年來，組織舉辦全縣規模詩書畫攝影展七屆，主持編輯《「書情畫韻頌鹿鄉」書畫攝影展覽作品集》《「詩畫鹿鄉、美麗東豐」詩詞、書法、繪畫、攝影作品集》《東豐農民畫晉京匯報展覽作品集》等五冊。工作之餘，日日臨池，筆耕不輟，創作了大量書法作品。書法作品曾編入白山出版社出版發行的《當代中國詩與文，魅力中國書與畫——文萃精華》、黑龍江《「翰墨情緣」書畫作品集》、山東日照《首屆農民書畫藝術節作品集》、遼源市《「遼源清風」反腐倡廉書畫攝影展覽優秀作品集》。為縣內外題寫牌匾、書名、刊頭百餘件。近百幅書畫作品被國內外知名人士收藏。二〇一四年八月，被東豐縣委、縣政府評為「文化名人」。

彩筆繪出幸福生活——張玉豔

張玉豔（1964 年-）女，東豐縣南屯基鎮紅鄧頭村人，副研究館員。吉林省美術家協會會員，吉林省農民畫研究會理事，現工作在吉林省群眾藝術館美術部。從一九八〇年起，張玉豔在各級各類美展中展出、發表並獲獎的主要作品有：一九八二年，《小苗》獲「吉林省農村新貌美展」佳作獎；一九八三年，《幸福的晚年》獲「吉林省首屆農民畫展」一等獎和「全國首屆農民畫展」一等獎，被中國美術館收

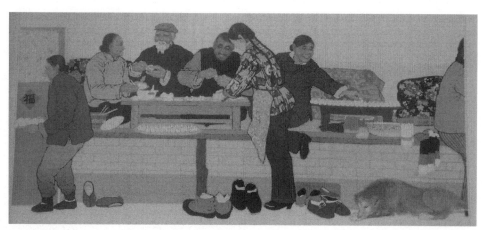

▲ 幸福晚年（片段）

▲ 幸福晚年　張玉豔

▲ 三十年前，張玉豔全神貫注於創作

藏。張玉豔參加國內各類畫展獲獎的主要作品有：《迎親圖》《今古奇觀》《母
親》《福》《雨季》《情漫關東》《看秧歌》等。一九八八年，張玉豔的一百一
十五幅作品在省裡舉辦個人畫展。近幾年，張玉豔在各級各類報刊發表的美術
作品六十餘幅。

得到黃冑賞識的著名農民畫家——姚鳳林

姚鳳林（1964 年-）東豐縣南屯基鎮紅鄉頭村人，是東豐農民畫首批骨幹作者之一。中國農民書畫研究會會員。受家庭的熏染和畫鄉氛圍的影響，姚鳳林自幼喜歡畫畫，小學畢業後到公社文化站學習農民畫創作，在當時文化站老師李俊傑的指導下，進步很快。

一九八三年，文化部要在全國舉辦首次全國農民畫展，秀水文化站的輔導老師積極行動起來，組織廣大農民畫作者研究創作題目，落實創作任務。姚鳳林接到的任務是反應改革開放以後，各行各業的從業人員，重操舊業，民間百業再度振興的主題，暫定題目為《八仙過海‧各顯其能》。確定題目後，他便到處收集素材。他先到幾處民間匠人的作坊，瞭解匠人的工作狀態和相應的道具。由於有些匠人的手藝隨著社會的發展，逐漸淡出了社會，留下的遺存也不是很多，他便騎自行車，遍訪全縣的手藝人。

《八仙過海‧各顯其能》進入了創作階段，用什麼形式表現，他著實又費了一番腦筋。最後，姚鳳林還是用自己常用的手法工筆重彩表現。經過兩個月的艱苦努力，農民畫《八仙過海‧各顯其能》按時交付文化部大展組委會，並一舉獲得

▲ 快樂農家

▲ 生命　姚鳳林

「全國首屆農民畫展」二等獎。

　　隨著《八仙過海・各顯其能》的獲獎，姚鳳林在全國農民畫界小有名氣。一九八八年，由《中國經營報》社及多家媒體共同舉辦了「第二屆全國農民畫展」，姚鳳林的《八仙過海・各顯其能》又入選其中，並獲二等獎，隨後被邀請至北京參加頒獎。在頒獎前的獲獎作者及專家評委的座談會上，時為評委之一的溥傑看了姚鳳林的作品後，很欣賞他的創意和技藝，主動為他寫了一幅五言對聯。國畫大師黃冑也是那次展覽的評委。在座談會上，黃老與姚鳳林相邀，要他帶著作品到自己捐資所建的炎黃藝術館切磋交流。

　　受黃冑之邀，當年的十月份，姚鳳林便帶著自己的作品在老師的帶領下和幾位畫友到北京炎黃藝術館拜訪黃冑。當時黃冑身體不好，他聽說農民畫家一行過來了，便坐著輪椅來看大家。黃冑看了姚鳳林的諸多作品後，決定要收藏他的《八仙過海・各顯其能》，並有意要回贈姚鳳林一幅作品。姚鳳林見黃老

▲ 八仙過海　姚鳳林

師行動困難並年事已高，不好意思有勞黃胄大駕，便極力推辭，絕不接受。從這一點，也可以看出姚鳳林的善良質樸的天性。他並不是不知道黃胄作品的藝術價值，而是他以為黃胄收藏他的作品是對他的抬舉，用他的作品交換黃老的作品自己品味不夠。他是一個很有自知之明的人。

　　一九九八年，他帶著自己多年創作的幾十件經典作品，隻身到北京闖市場，幾十件作品很快就賣出去了。雖然當時的農民畫價位不是很高，但還是讓他興奮不已。回來後，他又帶動大家繪製商品畫，用自己的現身說法，引導身邊的畫友，轉變觀念，躋身農民畫市場。他又自費考察全國農民畫市場開發比較好的畫鄉，收集和反饋回農民畫市場的信息，對東豐農民畫既提供進入市場的方式方法，也提供作品內容形式及市場化的先導信息，對東豐農民畫後來的市場開拓做出了一定的貢獻。

　　近年來，姚鳳林的農民畫《關東煙》《八匠圖》《二十四節氣》先後獲第一——三屆「全國農民畫展」一、二、三等獎。《薩滿鼓手傳說》獲「第二屆重慶綦江版畫藝術節全國畫鄉精品展」一等獎。《快樂農家》獲中國民間藝術家協會舉辦的「全國農民畫展」一等獎。《小羊倌》《揚揚》《關東市場》《雞系列》（4幅）《農家四羹》被炎黃藝術館收藏。《爭窩》《巧姑娘》《四美圖》《跑旱船》《小羊倌》被中國美術館收藏。

人到中年──陳奉軍

　　陳奉軍（1964 年-2007 年） 吉林省伊通縣人，國家二級演員，曾任東豐縣評劇團副團長。他的嗓音甜美，以歌唱和表演二人轉見長。陳奉軍表演風格獨特，自入東豐縣劇團以後，刻苦鑽研業務，與同事合作多個劇目，每個劇目都給觀眾留下了深刻印象。他多次帶團送戲下鄉，把群眾喜愛的二人轉送到田間地頭。他的足跡遍布東豐縣城鄉，在東豐縣多次大型文藝演出中，擔任台柱子；他還多次帶團到遼寧、北京等地演出；多次在「吉林省二人轉新劇目觀摩評比暨推廣會」上獲表演一、二等獎。陳奉軍主演的主要獲獎劇目有：二人轉《千里送京娘》《一枚戒指》《老兩口賠情》《狗事生非》。

▲ 陳奉軍（右）在省二人轉會演中演出的二人轉《一枚戒指》

一朵耀眼的花——金花

金花（1965 年-）女，省美術家協會會員，國內著名農民畫家。一九八三年從事農民畫創作，同年，作品《搖籃曲》獲「吉林省農民畫大賽」一等獎。

二〇一〇年十一月二十二日，在浙江國際大酒店舉行的「二〇一〇年《美術報》年度人物」頒獎儀式上，東豐縣農民畫家金花在眾多的名家中脫穎而出，成為二〇一〇年《美術報》年度人物。金花成為中國農民畫家的代表人物，她為東豐縣、遼源市、吉林省，乃至全國的農民畫家爭得了榮譽。

二〇一〇年七月六日，位於杭州西子湖畔的浙江美術館裡，三幅巨大的宣傳畫中，中間的一幅是羅中立的油畫《父親》，在這幅畫兩側的其中一幅是金花的農民畫作品《回娘家》。這裡展出的是由中國文聯、中國美協、中共浙江省委宣傳部主辦的「農民畫時代——全國農民畫作品展」，首次聚集了來自全國二十七個省、市的四百幅優秀作品。其中，四十六件作品獲優秀作品獎。東豐縣農民畫家金花的作品《回娘家》，在此次展覽中榮獲優秀獎。

金花生於東豐縣原永合鄉（今二龍山鄉）的一個普通農家，母親喜歡民間刺繡，經常在家繡門簾、枕頭頂、鞋墊等。所以，金花從小受母親刺繡的影響，自己在家照著連環畫、年畫描畫。上小學後，她又受哥哥的繪畫影響，學習了一些素描的畫法。上中學時，她的班主任菊寶生老師是梨樹師範美術專科畢業的，這是金花接觸的第一位專業繪畫老師。

金花初中畢業後，由於家裡生活條件困難，母親又癱瘓，家中的一些生活重擔很多都落到了她的身上。她開始下地幹農活，幹家務。一九八三年，年滿十八歲的金花，聽說秀水公社李俊敏辦農民畫學習班，就去報了名。這是她第

▲ 家園　金花

一次學習農民畫創作。因為金花有一定的繪畫基礎和造型能力，所以進步很快。在李俊敏老師的輔導下，金花創作的第一幅農民畫《錦上添花》，獲「吉林省首屆農民畫展」三等獎。

　　金花創作的農民畫，大多是在農閒時完成的。她目前家在東豐，可人在山東威海漁村做漁業生意。她已在漁村幹了十年，所以她既是農民又是漁民，每年她在威海打工三四個月，然後回東豐再畫一個月的畫。回家時，她經常坐在火車或輪船上看一些民俗美術專業的書籍，讀西方繪畫大師畢加索、馬蒂斯、夏加爾的作品。從她大大的眼睛和粗大的雙手及健康的膚色上，可以看到她吃苦耐勞的精神風貌。由於她的刻苦鑽研繪畫的執著精神，二〇〇八年農民畫《搖籃曲》在「第三屆中國農民書畫展」中獲優秀獎。《回娘家》以其強烈的色彩、誇張的動作表情，配以民間藝術的紋樣，使這幅作品不僅再現了農民生活與民俗，更反映了一種植根於生活、來源於生活的民間藝術創作情懷。想像

力的自由與繪畫形式語言的單純天真完美契合，這些都在她的作品《回娘家》中得到充分的再現。看金花的農民畫，都是在農村這塊土地上常年對鄉土生活耳濡目染後生活經驗的積澱，也是勤勞善良的農民畫家特有的藝術氣質，更是吉林大地極富地域特色的民俗民風、信仰崇拜和藝術傳承在她作品中的體現。

　　金花獲全國大獎，對她是一種繼續奮鬥的推動力。金花堅定地說：「我一定把自己的這種繪畫方法發揚光大，堅持表現民俗的畫風，深深根植於吉林大地這塊沃土，用自己的真情實感，表現自己熟悉的生活和場景。」

　　《回娘家》在中國文聯中國美協舉辦的畫展中獲優秀獎，並被《中國美術家》雜誌採用發表，金花被《美術報》評為「年度十大傑出美術人物」；二〇一二年，金花的作品《幸福一家》在中國美協舉辦的「中國農民畫畫展」中獲優秀獎；二〇一三年，《晨曲》獲「慧鑫盛泰杯」優秀獎；二〇一四年，金花的農民畫《回娘家》在紐約聯合國總部展覽，作品在國外媒體發表。

▲ 回娘家　金花

▌「兩棲」畫家——呂延春

▲ 呂延春

呂延春（1965 年-）東豐縣人，副研究館員。中國農民書畫研究會會員，中國美協吉林分會會員，吉林省美協漫畫藝委會副主任，省農民書畫研究會副會長，省民俗協會理事，東豐農民畫研究會秘書長，在農民畫和漫畫創作方面卓有成就。自一九八六年以來，呂延春在《新中國成立軍報》《中國漫畫》《亞洲書畫》等全國各大報刊發表作品兩千兩百餘件，並有系列連載，獲國內外各類美展金、銀等獎項八十多次，多件作品被中外博物館及中外友人購買收藏。二〇〇二年以來，所獲主要獎項及參展的重要展（賽）有：韓國「大田第十三屆國際漫畫大賽」第五名；「中日邦交三十五週年中國現代漫畫日本東京、大阪展」二等獎；第三屆「中國吉林原創卡通漫畫大獎賽」金獎；「俄羅斯第二屆國際漫畫大賽」榮譽獎；二〇〇六年，九米長卷《家鄉新貌》獲「中國第二屆農民書畫大展賽」一等獎；「土耳其納斯汀・霍查國際漫畫大賽」入選獎；「第十六屆中國新聞漫畫」銀獎；韓國「大田第十五屆國際漫畫大獎賽」優秀畫家獎；「今日中國新農村」全國百縣農民畫大展金獎；「首屆中國農民藝術節農民畫大展」一等獎；「浙江・義烏全國廉政農民畫大獎賽」一等獎；二〇一〇年，《關東人家》被國際鋼琴大師郎朗收藏；二〇〇〇年至二〇〇三年，連續兩屆被吉林省文化廳授予「全省優秀文化輔導幹部」的稱號；二〇一三年，被中國電視藝術中心、中國農民書畫研究會評為「全國十大優秀農民畫家」。

呂延春的漫畫，應運而生於到來的讀圖時代，給人們送上了當今世界普遍流行的文化快餐。無論是參加國內與國外的漫畫展和漫畫大賽，他的「呂氏幽

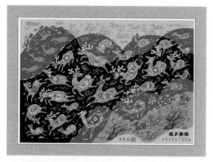

▲ 鹿鄉春潮　呂延春

▲ 呂延春《廉政準則》系列漫畫選

「默」盡顯獨到的審美理念和藝術才華。以都市題材關注青少年的卡通漫畫《龍門課戰》，他已創作二百多套，名人漫畫像趙本山已畫二十餘幅，其他各類漫畫稿件也常見於全國各大報刊。他在創作都市題材作品的同時，更關注農村題材的作品，並運用農民畫創作經驗和繪畫手法，將二者兼容，通過對素材的綜合提煉，對生活的理解，一幅幅誇張、風趣的農村生活場景躍然紙上，滿含著作者對農民的大事小情的關注和詮釋。如《在希望的田野上》中的語言描繪：「自從開了出租車，兜裡鈔票漸增多。自從夫妻學英語，『哈嘍』『拜拜』互相比。自從安裝太陽能，泡澡、淋浴咋都行。自從減免農業稅，多種多收不嫌累。自從旅遊新馬泰，異國他鄉當老外」等等，都充分體現了藝術來源於生活。

呂延春的作品水準與他勤勞和善於學習、努力吸收其他藝術養分是分不開的。他的繪畫極大地豐富和拓展了東豐農民畫乃至全國農民畫的創作理念與表現手法，從其屢次獲獎就可以讓人感到他是知識型的農民畫家。他將漫畫、油畫、國畫重彩和剪紙等表現形式融入農民畫即現代民間繪畫當中，不斷完善又不完全等同於一般的農民畫。俗中有雅，雅中有俗、以純樸而又文人的一種另類現代民間繪畫，恰當把握傳統與現代、純真與自然、匠心與稚拙之間的關係，用藝術語言和表現手法提高了作品的品位與深度，有很高的觀賞性和收藏價值。

她從田野中走來 —— 隋鳳琴

　　隋鳳琴（1965 年-）女，東豐縣南屯基鎮人。中國農民書畫研究會會員，吉林省美術家協會會員，吉林省農民書畫研究會常務理事，民間美術家，民間故事家。一九八二年以來，她創作的農民畫有四百多幅、剪紙六十餘件、木刻三十餘件。其中，五十件作品在日本和國內各級展賽中展出並獲獎，27 幅作品在《人民日報》《新華文摘》等報刊發表，十六幅作品被中國美術館、炎黃藝術館等國家級館藏部門收藏，二十餘幅作品被「東豐‧中國農民畫館」收藏。她的主要作品有《採蘑菇》《人蔘場》《採三珍》《二人轉絕活》《民俗節日》《春暖花開》《東北風》《鹿滿青山》《豆鄉》《人蔘姑娘》《兔》《三

▲ 三九天　隋鳳琴

寶圖》《活躍市場》《全家福》《撈忙》等。她收集、整理、創作的民間文學《釣魚郎》《巧雲》《一字不識》《自掃門前雪，別管他人瓦上霜》《阿米哥討親》《千里有緣來相會》等多篇，在《吉林省民間文學集成·東豐卷》上發表，被譽為民間故事家。創作二人轉劇本《借錢》，在東豐縣「戲曲、小品徵文」中獲二等獎。文學作品《我和我的畫》發表在《東豐縣群眾文化文集》第四集上。

▲ 二人轉絕活　隋鳳琴

▲ 採山珍　隋鳳琴

中國藏頭詩第一人——賀棟

　　賀棟（1965 年-）筆名車水、大肚川人，東豐縣楊木林鎮四合村人。吉林省作家協會會員，吉林省書法家協會會員，中國企業家世紀論壇副主席，中國武林書畫家協會副主席，中國書畫協會常務副主席，現任北京龍德海納文化有限公司董事長、中華龍書畫院院長。歷任編輯、記者、雜誌社主編，曾多次參加全國「兩會」採訪，並參加「兩會」秘書處工作。潛心創作藏頭詩，做到既藏頭，又藏心藏尾，尤以七律體裁為擅長。著有《車水藏頭詩選》《賀棟藏頭詩選》，被稱為「中國藏頭詩第一人」。賀棟書法徹悟「萬法為無法」的真諦，獨闢蹊徑，「立地成佛」。其巨幅書法作品《中華龍》，巧妙地將「中華龍」三字有機結合，如巨龍騰空出世，攜風雲萬千，構思獨特，形神兼備，創出價七十萬元紀錄。有作品被國家奧林匹克體育中心收藏。

▲ 賀棟作品

▲ 賀棟作品

國家一級農民畫師——劉丹

劉丹（1968年-）又名劉澤雨，東豐縣人。中國農民書畫研究會理事、創作研究員，中國農民書畫研究會會員，國家一級美術師，吉林省首屆工藝美術大師，東豐農民畫省級非物質文化遺產代表性傳承人，東豐縣農民書畫研究會會員，東豐縣農民畫一級畫師，東豐縣劉丹文化創意產業有限公司總經理，吉林省東豐縣劉丹農民畫培訓學校校長，東豐縣農民畫院院長，劉丹農民畫創研室主任。

劉丹自幼喜愛繪畫，七八歲便擅長於花鳥、山水。但受家庭經濟條件和社會環境制約，拜師無門，便以堅韌的毅力刻苦鑽研，勤勉自學。先是投身玻璃繪畫，歷時十餘載，技藝大成，漸成主業。後入民間繪畫之列，未經幾許，便成畫鄉隊伍骨幹，先後創作農民畫作品八十餘幅，並多次在國內大賽上獲獎。一九九五年，《打魚》在中國農民書畫研究會舉辦的「大都會年獎賽」上獲三等獎，並被《農民日報》刊載；二〇〇四年，《關東三九》獲「全國第五屆農

▼ 鹿鄉春秋　劉丹

民運動會三農書畫大賽」二等
獎；二〇〇五年，《鹿鄉春秋》
獲「第三屆中國農民書畫大展
暨『千兆杯』書畫大賽」唯一
的一等獎。二〇〇六年，《農
民畫培訓班》榮獲《農民日
報》社舉辦的「第二屆中國農
民書畫展」一等獎；二〇〇八
年，《東北三大怪》榮獲《農
民日報》社舉辦的「第三屆中

▲ 省級非物質文化遺產代表性傳承人證書

國農民書畫展」三等獎。此外，劉丹的多幅作品屢次在全國各地展會上展出，
三十八幅作品在國家、省市刊物上發表，五幅作品被國家美術館收藏，三十幅
作品被上海金山博物館收藏，三幅作品被重慶三峽博物館收藏。二〇〇九年六
月份，劉丹以家族傳承為根基，以學校發展銷售為窗口，成功地將東豐農民畫
申報了省級非物質文化遺產。二〇一〇年六月，在由中國民間文藝家協會、上
海市美術家協會、上海民間文藝家協會、東方網、中共上海市金山區委宣傳部

▲ 打魚　劉丹

主辦，上海市金山區文化廣播影視管理局、中國農民畫研究中心承辦的「迎世博盛會，展城鄉風采——中國農民畫原創作品展」中，劉丹參展的作品《鹿鄉春秋》再次斬獲一等獎；二〇〇八年，東豐縣劉丹農民畫培訓學校被批准為吉林省文化產業示範基地，二〇一〇年五月被批准為遼源市創業培訓（實訓）基地。

　　在從事民間繪畫創作之餘，劉丹積極致力於民間美術推廣工作。一九九二年，參與了東豐縣街心公園彩繪工程；一九九七年，主持了東豐縣南照山山門彩繪工程；一九九八年，組織民間繪畫骨幹作者承擔了東豐縣觀音寺的大部分彩畫工程，極大地發揮了民間繪畫的社會作用，開創了民間繪畫走向市場的先河，為民間繪畫活動在市場經濟中的生存和發展探索出了一條新路。為進一步加大東豐農民畫的創作、研究、推廣和銷售力度，二〇〇三年九月，劉丹拿出多年積蓄，率先在全省乃至全國成立了第一家民間農民畫創作研究機構——吉

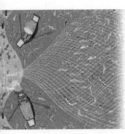

中國劉丹農民畫
Liu Dan's Peasants' Painting of China

林省東豐縣劉丹農民畫創研室，專門從事農民畫的創作研究工作；二〇〇四年九月，他以二十萬元風險抵押金投標經營東豐農民畫院並獲成功；同年十月，以東豐農民畫院為依託成立了第一家農民畫專業培訓機構——劉丹農民畫培訓學校，標誌著東豐縣農民畫事業由政府主辦向政府管理、私營運行、市場運作方面邁出重要步伐。二〇〇五年六月，「劉丹農民畫網站」開通，在鞏固和發展北京、上海、南寧、山東、汕頭、長春等地代理銷售窗口的同時，利用互聯網建立了更方便快捷的流通渠道和營銷體系，推出了系列化農民畫和劉丹品牌農民畫，有效推動了東豐農民畫的專業化、產業化、市場化進程，促進了農民

▲ 劉丹獲得國家級獎盃及證書

畫事業的又好又快發展。自從一九九七年以劉丹農民畫創作為主要內容的《神州鹿苑》紀錄片在中央一台播放了四分鐘後，從二〇〇三年開始，吉林電視台的「早安吉林」「鄉村四季」「老鄉話東北」相繼對劉丹的事蹟做了專題報導。中央電視台農業頻道的「致富經」等欄目，播出了十五分鐘的專題節目《兩千元買來十年痛》，專門介紹劉丹的創業歷程。省內的《吉林日報》《城市晚報》等多家新聞媒體先後對他進行了跟蹤採訪和專題報導。多年來，劉丹的作品多次在國際、國內展賽上獲大獎。主要作品有：《打魚》《關東三九》《鹿鄉春秋》《農民畫培訓班》《東北三大怪》《大鍋貼餅子燉菜》等。

才藝雙馨美青春——曹敏

曹敏（1969 年-）女，東豐縣人，副研究館員。縣文化館農民畫創研室主任，東豐縣農民畫協會秘書長，中國農民書畫研究會會員，吉林省滿族剪紙協會會員，中國國際剪紙協會會員，中國同澤書畫研究院會員，吉林省美術家協會會員。她在一九九三年文化部舉辦的「全國小百花杯」兒童書畫大賽上，獲三等園丁獎。多年來，她創作的農民畫作品先後參加東豐縣農民畫在日本、新加坡、中國香港舉辦的展覽。一九九三年，由文化部群文司、吉林省文化廳主辦的「全國現代民間繪畫畫鄉作品邀請賽」中，作品《打春》獲二等獎。同年，由中國民間美術協會主辦的「一九九三·上海桂花節中國農民畫大賽」上，此作品榮獲「桂花獎」；一九九五年，在「首屆中華巧女手工藝品大賽」中，作品《白山黑水》榮獲二等獎；一九九六年，撰寫的論文《談兒童繪畫與輔導》在《中國少兒美術教學論文精編》中獲一等獎；一九九六年，她的二十一件作品參加了東豐農民畫在中國美術館的展出。同年，六件作品參加由中國美術家協會、《農民日報》社、《美術報》社、中國農民畫研究會、北京鳳凰航空實業公司聯合舉辦的「中國農民畫優秀作品」大賽，並獲優秀獎；二〇〇一年，她的兩幅作品入選首屆浙江省「秀洲·中國農民畫藝術節」畫展；二〇〇二年，作品《東邊日出西邊雨》在「跨世紀風采銘錄」大展上獲優秀獎；二〇〇三年，三幅作品參加東豐農民畫赴新加坡展出；二〇〇四年，三十件漫畫作品在《幽默與笑話》連載發表；二〇〇五年，作品《春到鴨場》榮獲「揚帆青島——2005 年全國現

代民間繪畫大展」銀獎。《長白風情》在「第三屆農民書畫大展」中獲二等獎；二〇〇六年，剪紙作品《太平調》在「第二屆國際剪紙藝術節」上展出，並被收藏；二〇〇七年，在中國人民對外友好協會、紐約東西方藝術家協會聯合舉辦的「第三屆剪紙藝術展」中，作品《坐福》獲銅獎。同年，《俺村五姐妹》在「第三屆中國農民藝術節」上獲銅獎；二〇〇八年，《新城戲》在「第四屆國際剪紙藝術節」上獲銅獎。《薩滿神歌》在「西風烈剪紙藝術大賽」中獲銅獎；二〇〇九年，《皇天后土》在「第五屆國際剪紙藝術節」上獲銀獎；二〇一〇年，國畫《聚福》入選「關東畫派第二次晉京大展」。同年，作品《端午粽飄香》《百荷事如意》被收錄進《同澤書畫》一書。

二〇一二年，她的農民畫作品《吉祥土地》和《俺爹俺媽》，在首屆「中國農民畫優秀作品邀請賽」上獲二等獎。

▲ 欣喜世界　曹敏

多年來，她撰寫的論文《淺談中國現代民間繪畫的創作個性》《現代民間繪畫在市場經濟下的新發展》《論中國現代民間繪畫的繼承與創新》《剪紙藝術與皇家鹿苑的習俗》等多篇論文獲國家及省級獎。

二〇一二年，曹敏的農民畫作品《俺爹俺媽》和《吉祥土地》榮獲「2012‧遼源東豐中國農民畫藝術節暨全國農民畫展覽」大賽二等獎；國畫作品《福影》入選「紀念毛澤東《在延安文藝座談會上的講話》發表七十週年『松江風情──吉林省小幅畫展覽』」優秀作品。

二〇一三年，曹敏剪紙作品《華祖伏羲女媧》在「延安首屆華夏剪紙展覽」中榮獲優秀獎。論文《論中國現代民間繪畫的繼承與創新》和《淺談農民畫如何產業化發展》在吉林省刊物《參花》上發表。二〇一四年，農民畫《盛裝》入選東豐農民畫在聯合國的展出。

▲ 乘涼　曹敏

職業畫家——馮啟奎

　　馮啟奎（1969年-）東豐縣東豐鎮人。職業畫家，油畫專業。中國農民畫研究會會員，吉林省美術家協會會員，遼源市美術家協會副秘書長，東豐縣書畫院秘書長，作品多次獲得國家級獎項。

　　一九八四年，開始創作農民畫，作品曾在日本、加拿大、中國美術館等展出；一九八五年，漫畫作品在《中國農民報》《青年月刊》《吉林日報》《婚育週報》《遼源日報》上發表；一九九六年，作品《鹿鄉》在「中國農民畫優秀作品展」上，榮獲優秀獎，作品《鹿鄉四季》在「中國農民畫聯展」上，榮獲銅獎；一九九七年，開始油畫創

▲ 放牧歸來　馮啟奎

作，作品在北京幾家畫廊展出，並被歐美國家的友人收藏；二○○八年，作品
《雪鄉》參加「中國‧宋莊藝術節暨慶祝奧運會書畫作品聯展」，被評為優秀
獎；二○一○年九月，油畫《乾花》在吉林省美術家協會舉辦的「松江風情」
小幅畫展中，獲得優秀獎（最高獎項）；二○一○年十月，油畫《關東瑞雪》
在「遼源市美術家協會畫展」中獲得金獎；二○一一年八月，在內蒙古鄂爾多
斯生態園創作大幅風景畫；二○一二年五月，油畫《秋實》在吉林省美術家協
會舉辦的「紀念毛澤東同志《在延安文藝座談會上的講話》發表七十週年大型
展覽」上展出；二○一三年十二月，油畫作品《老家印象》入選吉林省美術家
協會舉辦的「長白山寫生」優秀作品；二○一四年，馮啟奎、錢文、黃建秀在
東豐縣農民畫館舉辦「三人油畫展」；二○一四年七月，油畫《冬韻》參加「中
國夢‧紀念建國六十五週年吉林省美術家協會畫展」，獲優秀獎。

▲ 鄉村雪韻　馮啟奎

中國農民書畫研究會理事——郭榮梅

郭榮梅（1972 年-）女，東豐縣南屯基鎮紅鄉頭村人。中國農民書畫研究會理事，吉林省美協會員，吉林省美術教育研究會會員。一九八八年以來，共創作農民畫作品三百多件，多次在國家、省、市展賽中獲獎，多幅作品在省級以上報刊發表。獲獎的主要作品有《關東俗語》《跑驢》《關東女人》《四大嫂趕集》《小井種稻》《莊稼人三重喜》《秋日》《田埂》《法不容貪》《小兩口》《關東食韻》《一夫當關，萬夫莫開》等；《關東丫》《關東俗語》等被中國美術館收藏；二〇〇三年，指導的學生農民畫作品被選入《國家義務教育新課程標準實驗教科書》。二〇〇四年，她的多幅農民畫被編入美術教材。二〇一四年，《鬧新春》入選「世界情——中國夢」聯合國大展。

一九八八年，時年十六歲的郭榮梅開始學畫農民畫。天生聰慧、勤奮好學的她，就像那流金黑土地的一株幼苗，破土發芽、開花結果、春耕秋收，半年的時光便有了沉甸甸的收穫：她的作品《跑驢》在「吉林省美術展覽」上獲一等獎；《關東俗語》在「全國民族文化博覽會」上獲三等獎。

一九九一年，通過自身不懈努力，郭榮梅考入四平師範學院藝術系。大學生中唯一一個會畫農民畫的學生，得到系主任的認同與讚賞，並為其舉辦了個人畫展。從她的寢室裡、從她的畫筆中走出了一大批精彩的畫作：《小井種稻》《大篷車》《東北大秧歌》《三重喜》《插秧時節》《山村》《四大嫂趕集》《五穀豐登六畜興旺》等。辛勤的汗水，換來豐碩的果實，郭榮梅在校期間創作的農民畫《鬧正月》，曾被選送到北京，作為「第四屆世界婦女大會」的捐贈作

▲ 東北娘們　郭榮梅

品。

一九九三年，郭榮梅畢業後到東豐縣大陽鎮中學當了一名美術教師。同年，正趕上《中國日報》舉辦「香港之窗杯」美術作品大賽，她的畫被確定為參展作品。為了出精品，為了向全國觀眾展示東豐農民畫的風采和魅力，她夜以繼日地構思創作，每天晚上都要畫到午夜時分。作品《關東丫》以「春種秋收不落趟，描雲繡朵淨花樣，來人去客拿得出，上裝下場賊拉浪」別具風韻的面貌，在「香港之窗杯」中榮獲三等獎。

一九九四年，郭榮梅接到了北京一份個人畫展的邀請函，蜜月中的她沒有休息，便投入了緊張的創作中，完成了一百多幅新作。畫展如期在中國美術館舉行，受到廣泛好評。

郭榮梅既是一位農民畫家，也是一位藝術實踐的活動家。為全面凸顯農民畫的社會功能，她把農民畫推介到了吉林省中小學美術教材，經全國中小學教材審定委員會二○○三年初審通過，義務教育課程標準實驗教科書美術四年級第七冊以「東豐農民畫」立題。她還引導東豐農民畫進入全縣教育系統，並且指導全縣美術老師投身農民畫創作，進行農民畫教學和農民畫創作。二○○六年，她調入教師進修學校任美術教研員，更加方便輔導全縣美術教師搞農民畫創作。農民畫作為特色教學，走進全縣四十多所中小學課堂，四萬多名中小學生每兩週上一節農民畫課，壯大了農民畫隊伍，提升了農民畫的整體水平，擴大了農民畫的社會影響。二○一一年，郭榮梅調入東豐——中國農民畫館工作，現任該館館長。

吉林文庫 A0703A28

文化吉林：東豐縣卷　上冊

主　　編	莊　嚴	
版權策畫	李　鋒	
責任編輯	林以邠	
發 行 人	陳滿銘	
總 經 理	梁錦興	
總 編 輯	陳滿銘	
副總編輯	張晏瑞	
編 輯 所	萬卷樓圖書股份有限公司	
排　　版	菩薩蠻數位文化有限公司	
印　　刷	維中科技有限公司	
封面設計	菩薩蠻數位文化有限公司	

出　　版　昌明文化有限公司

桃園市龜山區中原街 32 號

電話　(02)23216565

發　　行　萬卷樓圖書股份有限公司

臺北市羅斯福路二段 41 號 6 樓之 3

電話　(02)23216565

傳真　(02)23218698

電郵　SERVICE@WANJUAN.COM.TW

大陸經銷　廈門外圖臺灣書店有限公司

　　　電郵　JKB188@188.COM

ISBN 978-986-496-287-7

2018 年 1 月初版

定價：新臺幣 280 元

如何購買本書：

1. 轉帳購書，請透過以下帳戶

　　合作金庫銀行　古亭分行

　　戶名：萬卷樓圖書股份有限公司

　　帳號：0877717092596

2. 網路購書，請透過萬卷樓網站

　　網址　WWW.WANJUAN.COM.TW

大量購書，請直接聯繫我們，將有專人為您

服務。客服：(02)23216565　分機 610

如有缺頁、破損或裝訂錯誤，請寄回更換

版權所有·翻印必究

Copyright©2016 by WanJuanLou Books CO., Ltd.

All Right Reserved　　　　**Printed in Taiwan**

國家圖書館出版品預行編目資料

文化吉林. 東豐縣卷 / 莊嚴主編. -- 初版. --

桃園市：昌明文化出版；臺北市：萬卷樓

發行, 2018.01

　　冊；　公分

ISBN 978-986-496-287-7 (上冊：平裝)

1.文化史　2.人文地理　3.吉林省

674.2408　　　　　　　　　　107002189

本著作物經廈門墨客知識產權代理有限公司代理，由時代文藝出版社授權萬卷樓圖書

股份有限公司出版、發行中文繁體字版版權。